Catherine Hezser

Bild und Kontext

Jüdische und christliche Ikonographie der Spätantike

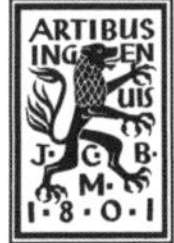

Tria Corda

Jenaer Vorlesungen zu Judentum,
Antike und Christentum

Herausgegeben von

Karl-Wilhelm Niebuhr, Matthias Perkams
und Meinolf Vielberg

11

Catherine Hezser

Bild und Kontext

Jüdische und christliche Ikonographie der Spätantike

Mohr Siebeck

Catherine Hezser: 1986 Promotion in Ev. Theologie in Heidelberg mit Schwerpunkt Neues Testament; 1992 Promotion in Jewish Studies am Jewish Theological Seminary in New York; 1997 Habilitation an der FU Berlin; 2000 bis 2005: Al and Felice Lippert Professor of Jewish and Near Eastern Religions and Cultures am Trinity College Dublin; seit 2005 Professorin für Jewish Studies an der School of Oriental and African Studies (SOAS) der University of London; Visiting Professor in Jewish Studies, University of Oslo.
orcid.org/0000-0001-5246-6898

ISBN 978-3-16-156609-7 / eISBN 978-3-16-156610-3
DOI 10.1628/978-3-16-156610-3

ISSN 1865-5629 / eISSN 2569-4510 (Tria Corda)

Die Deutsche Nationalbibliothek verzeichnet diese Publikation in der Deutschen Nationalbibliographie; detaillierte bibliographische Daten sind im Internet über *http://dnb.dnb.de* abrufbar.

Das Buch wurde von Gulde Druck gesetzt und auf alterungsbeständiges Werkdruckpapier gedruckt und gebunden.

Printed in Germany.

Vorwort

Diese Untersuchung basiert auf fünf Vorträgen, die ich im November 2017 im Rahmen der Tria Corda Vorlesungsreihe an der Friedrich-Schiller-Universität Jena gehalten habe. Ich danke Karl-Wilhelm Niebuhr für die Einladung nach Jena und ihm und seinen dortigen Kollegen für ihre Gastfreundschaft. Die sich an die jeweiligen Vorlesungen anschließenden Diskussionen haben zur Bereicherung des Textes beigetragen. Ich bin besonders Judith Hagen und Timo Stickler zum Dank für ihre weiterführenden bibliographischen Hinweise verpflichtet. Mein Dank gilt auch all denjenigen, die mir Abbildungen zur Verfügung gestellt haben: das Center for Jewish Art der Hebräischen Universität Jerusalem, die Yale University Art Gallery, The Warburg Institute Photographic Collection, Zeev Weiss, und Florian Dumer, der mir auch hilfreiche Hinweise zur Bildersuche gab.

Schließlich bedanke ich mich auch bei den Herausgebern der Tria Corda Reihe und bei den Mitarbeitern des Mohr Siebeck Verlags.

London, 9. Juli 2018

Inhaltsverzeichnis

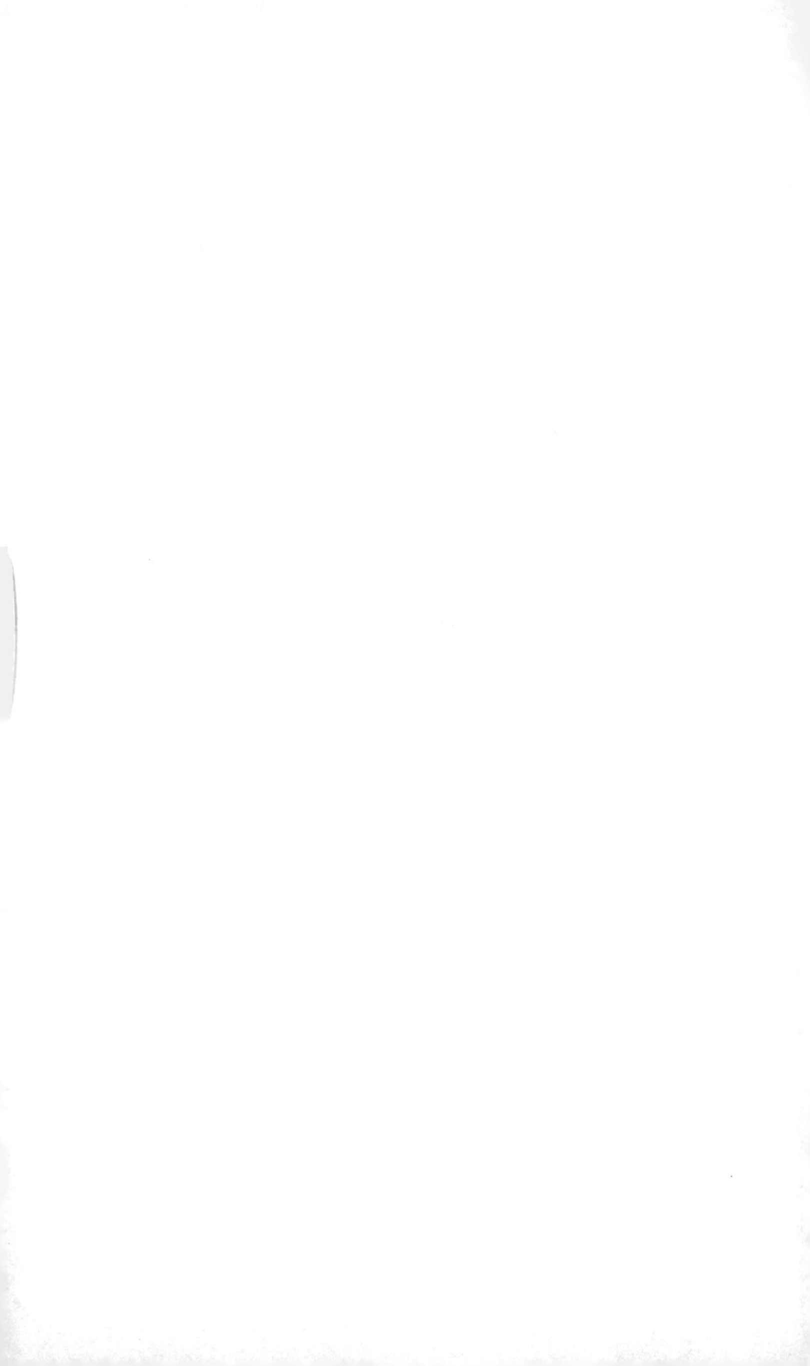

1. Ein Bild sagt mehr als tausend Worte: Zur Bedeutung des Visuellen in der Spätantike

Wir leben heute in einer Welt, in der Texte und Bilder allgegenwärtig sind. Obwohl zumindest in der westlichen Welt die meisten Erwachsenen lesekundig sind, schauen sie, wenn sie mit Text und Bild konfrontiert werden, meist als erstes auf das Bild. Deshalb sind Internetportale wie Facebook und Instagram, auf denen ständig Fotos hochgeladen werden, so beliebt. Nicht nur Boulevardzeitungen und Illustrierte, sondern auch Tageszeitungen und Kulturmagazine kommen ohne Bilder und Illustrationen nicht aus. Aus der Werbung sind Bilder in den verschiedensten Formen und Arten nicht wegzudenken. Medienwissenschaftler sprechen vom sogenannten "pictorial turn" in der zeitgenössischen Kultur und sind der Meinung, dass Bilder, bzw. das Visuelle, Worte und Texte als dominante Ausdrucksweise verdrängt haben.[1] Technologische Fortschritte (Film und Fernsehen, Internet, Druckmedien) machen Bilder allgegenwärtig. Dabei ist die Angst vor der Macht der Bilder, d.h. davor, dass sie Überhand nehmen und ihre Erschaffer zerstören könnten, heutzutage ebenso verbreitet wie in der Antike. Die Kehrseite von Ikonophilie, Idolatrie, und Fetischismus ist der Ikonoklasmus, die Zerstörung von Bildern, die als anstö-

[1] Mitchell, *Theory*, 11–34. Eine kritische Diskussion der verschiedenen Theorien bietet Curtis, *Turn*.

ßig und ärgerlich angesehen werden.[2] Diese ambivalente Einstellung gegenüber Bildern wird als grundsätzliche menschliche Reaktion auf visuelle Medien angesehen.[3]

Im Unterschied zu heute waren in der Antike Texte nicht nur weniger verbreitet, sondern es gab auch kaum Menschen, die sie lesen konnten. William Harris vermutet, dass nur fünf bis fünfzehn Prozent der Bevölkerung des Römischen Reichs, und weniger als fünf Prozent der Frauen, lesefähig waren.[4] In der jüdischen Bevölkerung Palästinas werden es insgesamt noch weniger Menschen gewesen sein.[5] Obwohl die Rabbinen das Torahstudium propagierten, konnten sich nur sehr wenige ihrer Zeitgenossen den Luxus erlauben, ihre Söhne zu einem Torahlehrer zu schicken, der ihnen keine im täglichen Leben nützlichen Kenntnisse beibringen würde. Sowohl die Rabbinen als auch die christlichen Gemeindeleiter waren lediglich am Lesen religiöser Texte interessiert. Deshalb glaubt Harris, dass es in der Spätantike, d.h. zwischen dem dritten und siebten Jahrhundert, insgesamt zu einem Niedergang der allgemeinen Lese- und Schreibfähigkeit kam.[6] Der Unterschied zwischen einer kleinen, meist städtischen intellektuellen Elite, die Zugang zu Texten

---

[2] Mitchell, *Theory*, 15.

[3] Mitchell, *Pictures*, 8.

[4] Harris, *Literacy*, 328–30.

[5] Hezser, *Literacy*, 496–504.

[6] Harris, *Literacy*, 302–3: "While conventional ecclesiastics needed at least to be able to read (though in fact it was possible for them to be illiterate), ..., they could be complacent about, or at any rate content with, the educational backwardness of the ordinary faithful ...". Und ibid. 304: "But for the ordinary Christian, though the authority of the written word was in the background, there was no need for personal reading".

hatte, und der restlichen Bevölkerung, die von ihrer Vermittlung abhing, wird nach wie vor groß gewesen sein.

In einer größtenteils mündlichen Gesellschaft wie der des antiken Palästinas wird das Bildliche eine besondere Kraft gehabt haben. In mündlichen Gesellschaften wird Wissen nicht in abstrakten analytischen Kategorien vermittelt, sondern in bildlichen Eindrücken und Erfahrungen des täglichen Lebens.[7] Deshalb haben mündliche Gesellschaften eine bildreiche Sprache, die sich an den materiellen Gegebenheiten der Umwelt orientiert.[8] In den Evangelien des Neuen Testaments und in der rabbinischen Literatur wird dieses Konkrete und Bildhafte in Gleichnissen, Anekdoten, und Fallgeschichten zum Ausdruck gebracht. Diese Texte unterscheiden sich von den theoretischen und abstrakten Abhandlungen der mehr an Metaphysik interessierten hellenistischen Philosophen, deren Einfluss in den Paulusbriefen und bei den Kirchenvätern anzutreffen ist.[9]

Besonders in mündlichen Gesellschaften, in denen Erinnerung an visuelle Zeichen gebunden ist, sind bildliche Eindrücke wichtig. Roni Weinstein zufolge gilt dies sogar noch für Juden in Italien in der frühen Neuzeit, zweihundert Jahre nach der Erfindung des Buchdrucks. In Verlobungszeremonien ist die Beobachtung von Gesten, Verhaltensweisen, und Objekten durch anwesende Zeugen wichtig: die Ringübergabe, die Verhüllung des Kopfes der Braut, das Bringen von Geschenken.[10] Selbst im sechzehn-

---

[7] Boehme-Nessler, *BilderRecht*, 23.

[8] Siehe ibid.

[9] Zu Paulus' hellenistischer Bildung siehe Vegge, *Paulus*, besonders 342–424. Zu den Kirchenvätern siehe Elm, *Sons*, besonders 147–268; Kardellis, *Hellenism*.

[10] Weinstein, *Marriage*, 198–9.

ten und siebzehnten Jahrhundert wurden also in jüdischen Kreisen visuelle Zeichen und Zeichenhandlungen als bedeutungsvoller angesehen als schriftliche Texte. Weinstein schreibt: "The visual is a more reliable source for the intuitive, direct knowledge of the world, such as the one Adam had possessed before the fall and the expulsion from Eden. Given this is no longer possible, visual symbols are the best alternative for appreciating the world or drawing closer to God".[11]

Neben der Bedeutung der Mündlichkeit wird noch ein weiterer Aspekt visuelle Kommunikation begünstigt haben, nämlich die Sprachenvielfalt im Nahen und Mittleren Osten der Spätantike. Im römischen Palästina wird neben der aramäischen Umgangssprache der jüdischen Bevölkerung besonders in städtischen Gebieten Griechisch gesprochen worden sein. Daneben blieb das Hebräische als religiöse Sprache bedeutsam. Römische Soldaten und Beamte werden die lateinische Sprache mitgebracht und für die interne Kommunikation genutzt haben.[12]

Dabei wird es, besonders was den Gebrauch des Aramäischen und Griechischen betrifft, verschiedene Grade der Zweisprachigkeit gegeben haben. Dennoch werden Verständigungsprobleme relativ häufig vorgekommen sein, etwa, wenn ein fast nur Aramäisch sprechender Dorfbewohner in eine Stadt reiste oder ein Diasporajude eine dörfliche Gegend besuchte. Selbst in Synagogen werden, den Inschriften zufolge, gemischte, Aramäisch oder Griechisch sprechende Gruppen aufeinander getroffen sein.[13]

---

[11] Ibid. 425.

[12] Zur Sprachenvielfalt im römischen Palästina siehe Smelik, "Languages".

[13] Zu den Sprachen der Synagogeninschriften siehe Hezser, *Literacy*, 400–1.

Zweisprachige Individuen werden als Dolmetscher fungiert haben. Weil fast niemand mehr Hebräisch verstand, waren spontane Übersetzungen der Torahlesungen ins Aramäische notwendig.[14] Vielleicht waren einzelne Synagogen in Caesarea vollkommen griechischsprachig und boten Lesungen der Bibel in griechischer Übersetzung an.[15]

Visuelle Eindrücke, Tanz- und Pantomime-Vorführungen, Statuen, Fresken, und Bilder auf Mosaikfußböden waren jedem zugänglich, unabhängig von seinen Sprachkenntnissen. Deshalb werden auch in den Provinzen des Römischen Reichs Theateraufführungen von Mimen und Pantomimen sowie Pferderennen und Gladiatorenkämpfe in Amphitheatern so beliebt gewesen sein.[16] Diese Aufführungen vermittelten der Provinzbevölkerung römische Kultur, Mythologie, und Wertvorstellungen als attraktive Freizeitunterhaltung.[17] Sie dienten der Romanisierung und kamen dabei ganz ohne Worte und Texte aus. Die griechisch-römischen religiösen Kulte und Mythologien waren auch in Form von Tempeln, Statuen, und Prozessionen präsent. Der Dionysoskult spiegelt sich auf dem Mosaikfußboden einer Villa in Sepphoris wider.[18] Auch die in den Tempeln ansässigen Kulte konnten und sollten von der einheimischen und eroberten Bevölkerung beobachtet werden. So schreibt Yulin Liu: "Temples were

---

[14] Siehe ibid. 455.

[15] Zu griechischen Übersetzungen der Hebräischen Bibel siehe Alexander, "Rabbis".

[16] Zu den römischen Theatern in Palästina und den dort stattfindenden Aufführungen siehe Weiss, *Spectacles,* besonders 117–69.

[17] Siehe dazu Hezser, "Study".

[18] Talgam und Weiss, *Mosaics*. Siehe dazu auch Stern, "Babylonian Talmud".

constructed as a powerful religious and political symbol to propagandize Roman society's astounding prosperity and authority".[19] Statuen von Göttern und Kaisern bevölkerten öffentliche Plätze und Einrichtungen.[20] Auch sie symbolisierten eine Mischung von politischer und religiöser Macht, waren Ausdruck des römischen Imperiums, das sich in den ersten drei Jahrhunderten unserer Zeitrechnung in Palästina ausgebreitet hatte.

Das Visuelle war aber nicht nur auf architektonische und künstlerische Objekte, Theatervorstellungen und Prozessionen beschränkt. Es betraf auch jeden Einzelnen im Hinblick darauf, wie er oder sie sich im öffentlichen Raum verhielt. Man wusste, dass man ständig beobachtet wurde. Eigene Wertvorstellungen und der persönliche Charakter ließen sich angeblich an der Körpersprache ablesen.[21] So war, Maud Gleason zufolge, Männlichkeit eine Zeichensprache, in die die Römer seit ihrer Kindheit sozialisiert wurden.[22] Die Bedeutung der Körpersprache war auch den Rabbinen bewusst, die sich zumindest literarisch als eine den hellenistischen Philosophen ebenbürtige jüdische Variante griechisch-römischer Intellektueller darstellten.[23] Die Torahobservanz war keine bloße Theorie, die im Schüler- und Kollegenkreis diskutiert wurde. Sie musste im täglichen Leben sichtbar gemacht werden und nachahmbar sein.

---

[19] Liu, *Temple*, 83.

[20] Eliav, "Statues", 100: "Anyone walking in a typical city in Palestine during this period, from Caesarea Maritima, Scytopolis, and Samaria, to Paneas and Eleutheropolis, would encounter Roman sculpture every step of the way".

[21] Siehe Corbeill, *Nature*, 2.

[22] Gleason, *Men*, 70. Siehe auch Gunderson, *Masculinity*.

[23] Siehe dazu Hezser, *Body Language*, 252.

Rachel Neis hat bereits betont, dass sich das rabbinische Judentum der Spätantike dem „visual turn" der römischen Gesellschaft angeschlossen hat.[24] Für die Rabbinen war der visuelle Eindruck viel wichtiger, als in der Forschung bisher angenommen wurde. Visuelle Eindrücke bestimmten die rabbinische Subjektivität. Dabei muss die rabbinische Sichtweise immer im Rahmen der griechisch-römischen "visual *koine*" verstanden werden.[25] Diese "visual *koine*" beinhaltete die in der biblisch-nahöstlichen und griechisch-römischen Bildsprache vorherrschenden Motive. Insofern bewegt sich die in der rabbinischen Literatur erkennbare Betonung des Visuellen am Schnittpunkt der verschiedenen Kulturkreise, die im spätrömisch-byzantinischen Palästina aufeinander trafen.[26]

Neis' Untersuchung ist auf rabbinische Texte beschränkt. Sie analysiert, *wie* die Rabbinen sahen, nicht *was* sie sahen. Insofern fehlt eine Konfrontation der rabbinischen literarischen Perspektive mit der antiken jüdischen Kunst, wie sie in Synagogen, Begräbnisstätten, und privaten Wohnhäusern der Spätantike in Erscheinung trat.[27] Eine solche Gegenüberstellung ist aber wichtig, nicht nur um den Bedeutungshintergrund der künstlerischen Motive zu erfassen, sondern auch um Erwin Goodenoughs Behauptung eines kategorischen Gegensatzes zwischen der angeblich synkretistischen Synagogenkunst und den anikonischen Rabbinen zu hinterfragen.

Goodenough entfaltet seine Theorie in seinem dreizehnbändigen Werk *Jewish Symbols in the Graeco-Ro-*

---

[24] Neis, *Sense*, 5 und 203.

[25] Ibid. 260.

[26] Siehe ibid. 8.

[27] Siehe Hezser, "Review".

man Period.[28] Er unterscheidet zwischen "jüdischen" (z.B. Aqedah, Schofar) und "paganen" Symbolen (z.B. Helios) und nimmt das Auftauchen "paganer" Symbole in der Synagogenkunst des römischen Palästina zum Anlass, einen kategorischen Gegensatz zwischen dem populären und angeblich mystisch angehauchten Judentum der Synagogen und dem dieser Kunst abgeneigten "orthodoxen" rabbinischen Judentum zu behaupten. Dem gemeinen jüdischen Volk ging es angeblich in erster Linie um Erlösung, die auch das Ziel vieler griechisch-römischer Kulte war. Um Erlösung ging es deshalb seiner Meinung nach auch bei den in die Synagogenkunst aufgenommenen "paganen" Symbolen.[29] Während Goodenoughs komparativer Ansatz durchaus begrüßenswert ist und in den Fünfziger- und Sechzigerjahren einen wichtigen Neuansatz im Verständnis antiker jüdischer Kunst darstellte, ist seine Theorie einer religiösen Spaltung zwischen Volk und Gelehrten sicherlich überzogen.[30] Nicht nur die "ungelehrten" Zeitgenossen der Rabbinen, sondern auch die Rabbinen selbst lebten und wirkten in einem kulturellen Umfeld, das seit Jahrhunderten vom Hellenismus geprägt war. Auch rabbinische Einstellungen müssen deshalb im Rahmen der griechisch-römischen Kultur verstanden werden.[31] Gleichzeitig bildete die Hebräische Bibel die Grundlage sowohl des synagogalen als auch des rabbinischen Judentums. Diese beiden kulturellen Einflüsse haben auch das antike Christentum in seinem Gebrauch

---

[28] Goodenough, *Symbols*. Für eine gekürzte Version siehe Goodenough and Neusner, *Symbols*.

[29] Siehe dazu auch Levine, *Judaism*, 8.

[30] Siehe auch Levines Besprechung in idem, *Visual Judaism*, 1–2.

[31] Zu diesem Ansatz siehe bereits Lieberman, *Hellenism*; idem, *Greek;* sowie Schäfer (ed.), *Talmud Yerushalmi*.

künstlerischer Symbolik mitbestimmt. Deshalb ist ein Vergleich des jüdischen und christlichen Kunstverständnisses in der Spätantike so angebracht. Dabei ist zu untersuchen, wie in den jeweiligen jüdischen und christlichen Kontexten biblische und griechisch-römische Motive künstlerisch dargestellt und rezipiert worden sind.

Diese Kontexte müssen zunächst chronologisch und geographisch bestimmt werden. Chronologisch tritt die figurative Kunst in jüdischen und christlichen Kontexten vom dritten und vierten Jahrhundert an in Erscheinung. Dabei handelte es sich um eine Zeit des Umbruchs, bei dem die sogenannten paganen Religionen des Römischen Reichs vom politisch machtvollen Christentum einerseits verdrängt und andererseits in abgeänderter Form wieder aufgenommen wurden.[32] Lee Levine zufolge begünstigte gerade dieser Wandel das Aufleben jüdischer und christlicher Kunst.[33] Die paganen Symbole hatten ihre politische Legitimation verloren und konnten deshalb von Juden und Christen aufgenommen und in ihrer Bedeutung neu besetzt werden. Juden und Christen konkurrierten miteinander in der Ausgestaltung ihrer Gotteshäuser und der öffentlichen Bekundung ihrer jeweiligen Identität. So konnte es zur Verwendung der gleichen biblischen und paganen Motive mit unterschiedlichen Bedeutungen in jüdischen und christlichen Kontexten kommen.

---

[32] Zur Verschmelzung von Paganismus und Christentum in der frühbyzantinischen Zeit siehe Elm, *Sons*, 11: "Focusing on what unites rather than divides Julian the emperor and Gregory the Theologian reveals that the boundary between pagan and Christian was so porous that these terms lose their analytical value"; und ibid. 435: "pagan and Christian voices crossed the pagan-Christian divide".

[33] Levine, "Art", 54–71.

Geographisch sind die östlichen Provinzen von Rom und Konstantinopel zu unterscheiden. Der Kunsthistoriker Peter Stewart hat darauf aufmerksam gemacht, dass die jüdische Kunst im spätrömischen Palästina als Provinzkunst zu verstehen ist, d.h. als Kunst, die an den Grenzen des Römischen Reichs in Erscheinung tritt und die klassischen Formen in abgewandelter Form zum Ausdruck bringt.[34] Im Zuge der Ausbreitung des Römischen Reichs kam es zu einer Verbreitung griechisch-römischer künstlerischer Traditionen und Motive in entfernten Provinzen, eine Entwicklung, die zu einer Provinzialisierung künstlerischer Stile führte: "A shared language of iconography, monumental forms, compositions, and figure types was adopted across this empire, but its conventions, especially stylistic expectations and technical assumptions, were often only selectively reproduced".[35] Spätantike jüdische und christliche Kunst der östlichen Provinzen kann deshalb stilistisch als vereinfachende Imitation griechisch-römischer Vorbilder angesehen werden. Dies ist zum Beispiel bei der Darstellung des Tierkreises in der Bet Alpha Synagoge der Fall, bei der es sich um eine recht ungeübte Imitation naturalistischer Vorbilder handelt.[36]

Die spätantike jüdische und christliche Imitation und Adaption griechisch-römischer Kunsttraditionen und -motive lässt sich auch mit dem Begriff der Vulgarisierung beschreiben, den der Psychoanalytiker und Essayist Adam Phillips für die Nachahmung elitärer Stile und Verhaltensweisen durch das gemeine Volk (= *vulgus*) verwen-

---

[34] Stewart, "Bet Alpha",76–7.

[35] Ibid. 77.

[36] Siehe ibid. 79–82.

det.[37] Dabei sollte dieser Begriff nicht negativ verstanden werden. Im Italienischen bedeutet *il volgare* die Umgangssprache, d.h. auf die Antike übertragen, das Aramäische im Unterschied zum Lateinischen und Griechischen. Man könnte also unter Vulgarisierung auch die Aufnahme und Abwandlung klassischer Vorbilder durch die einheimische nahöstliche Provinzbevölkerung verstehen. So sind bereits die in Syrien und Palästina ausgegrabenen römischen Statuen Imitate griechischer Vorbilder und können ihrerseits schon als vulgäre Kopien angesehen werden.[38] Je mehr die Kopie vom Original abweicht, desto grösser ist die Vulgarisierung, wobei der Begriff des Originals allerdings fragwürdig ist. In der Kunstgeschichte ist man dazu übergegangen, griechische und römische Kunstwerke in ihrem jeweils eigenen Rahmen zu betrachten, "as visual products in their own right, as concepts that had meaning in themselves, constructing visual messages of social and political relevance".[39] Für die Untersuchung jüdischer und christlicher Kunst der Antike sind beide Vorgehensweisen relevant. Man muss fragen, inwiefern die Adaption von paganen Vorbildern abweicht und wie die Unterschiede in den jeweiligen sozialen, religiösen, und kulturellen Kontexten zu verstehen sind.

Geographisch ist aus jüdischer Perspektive zwischen dem Land Israel und der Diaspora zu unterscheiden. Interessanterweise beschränkte sich die Aufnahme sogenannter paganer Motive auf Juden in ihrem Heimatland,

---

[37] Die Londoner Barbican Gallery zeigte 2016–17 die Ausstellung "The Vulgar: Fashion Redefined", die u.a. von Adam Phillips geplant worden war, siehe Alison und McCarthy, *Fashion*.

[38] Zu römischen Statuen und ihren griechischen Vorbildern siehe z.B. Welch, "Sculpture", 38.

[39] Hölscher, "Semiotics", 674.

während Diasporajuden sich, von wenigen Ausnahmen abgesehen, auf biblische Figuren und Szenen beschränkten. Die Wandmalereien in der Synagoge von Dura Europos sind als hervorragendstes Beispiel jüdischer Diasporakunst anzusehen.[40] Sie bestehen aus biblischen Szenen, die ähnlich auch in der Baptistei der nur zweihundert Meter entfernten Hauskirche aus vor-konstantinischer Zeit zu finden sind. Michael Peppard betont die religiöse und kulturelle Vielfalt der Stadt und vermutet, dass das religiöse Interesse der Bewohner nicht auf ihre eigene Religion beschränkt war:

> "During any given week in the mid-third century, one could have visited buildings and shrines dedicated to the gods of Greece, Rome, Judea, Syria, and Persia. But would anyone have done so? Visited sites of multiple religions? In fact, one of the most important ways to open up modern understanding of religious practice in the ancient world is to realize its nonexclusivity. Tolerance was the rule, intolerance the exception".[41]

Kann man annehmen, dass Duras Christen die Synagoge besuchten und Juden mit der Innenausstattung der Kirche vertraut waren? Tessa Rajak nennt die Wandmalereien der Synagoge "images of a competitive community".[42] Anhänger heidnischer Kulte, die das Wandgemälde mit der Enthauptung und Zerstörung der Statue des Philistergottes Dagon sahen (cf. 1 Samuel 4–7), mögen es als generellen Angriff auf den Polytheismus verstanden haben. Andererseits können sie aber auch von der Vielfalt und Farbenpracht der Szenen, die die Herrschergewalt des jü-

---

[40] Zu den Wandmalereien siehe Hachlili, *Diaspora*, 96–197, 424–31; Fine, *Art*, 172 ff.

[41] Peppard, *Church*, 6.

[42] Rajak, "Dura Europos", 141–54.

dischen Gottes darstellten, beeindruckt gewesen sein.[43] Könnten die Wandmalereien also als eine Art öffentliche, visuell-narrative Propaganda für jüdische Religiosität zu verstehen sein? Ähnlich mag es sich mit den christlichen Malereien verhalten haben. Die Malereien stellen neben Szenen der Hebräischen Bibel (Adam und Eva, David und Goliath) auch neutestamentliche Erzählungen dar, und zwar insbesondere die Wunder Jesu (die Heilung des Gelähmten; Jesus und Petrus laufen über Wasser). Peppard bemerkt, dass hier ganz bewusst die göttliche Macht Jesu dargestellt wird, eine Macht, die von Christen als Fortsetzung biblischer Vorstellungen angesehen wurde (David als Herrscher Israels, Jesus als Sohn Davids und Hirte).[44] Sollten also auch diese Darstellungen als Propaganda für die vom christlichen Standpunkt aus überlegene Religiosität der Christen gegenüber den Juden angesehen werden? Versuchte man also nicht nur die eigenen Glaubensbrüder und -schwestern in ihrer Identität zu bestärken, sondern auch Andersgläubige zu beeindrucken und möglicherweise für seine eigenen Anschauungen zu gewinnen?

Einerseits überschreiten hier Juden und Christen zum ersten Mal ganz bewusst und öffentlich das biblische Bilderverbot in Exodus 20:4 ("Du sollst Dir kein Bildnis noch irgendein Abbild machen, weder von dem, was oben im Himmel, noch von dem, was unten auf Erden, noch von dem was im Wasser unter der Erde ist", vgl. Deut. 5:8). Andererseits bleiben sie, was den Inhalt der Darstellungen betrifft, ihren biblischen Überlieferungen treu und betonen das, was sie als Essenz ihrer eigenen Religiosität ansehen: die sich in der Heilsgeschichte bekundenden Taten

[43] Siehe ibid. 141–2.
[44] Peppard, *Church*, 86–95.

des jüdischen Gottes, bzw. die Wundermacht Jesu als davidischer Messias. Die Entscheidung, figurative Kunst zu verwenden, mag auf den Einfluss des griechisch-römischen Umfelds zurückzuführen sein. Die Beschränkung auf eigene Traditionen kann als Ausdruck des religiösen Selbstbewusstseins der Juden und Christen von Dura verstanden werden.

Die Juden Roms können als Beispiel für eine weitere wichtige Diasporagemeinde gelten. Auch in Rom gab es in der Spätantike neben Juden auch Christen und Anhänger polytheistischer Religionen. In diesem von Nichtjuden geprägten Umfeld finden sich auf den Sarkophagen der jüdischen Katakomben, die größtenteils der zweiten Hälfte des dritten Jahrhunderts zugerechnet werden, sowohl jüdische Motive wie Menorah, Palmzweig, und Etrog als auch pagane Motive der griechisch-römischen mythologischen Tradition.[45] Konikoff vermutet, dass die mit jüdischen Motiven versehenen Sarkophage von jüdischen Steinmetzen hergestellt wurden, während die mit paganen Motiven verzierten nichtjüdischen Kunsthandwerkern zuzuschreiben sind.[46] Man muss aber annehmen, dass römische Juden, die diese Sarkophage in Auftrag gaben oder fertig kauften, die Dekorationen bewusst wählten. So ist ein Sarkophag der Monteverde Katakomben mit personalisierten vier Jahreszeiten versehen.[47] Ein Sarkophag der Villa Torlonia Katakomben zeigt Putten, die Trauben pflücken, ein weiterer die griechische Göttin Hora, die für die Natur und Jahreszeiten zuständig war.[48] Konikoff zu-

[45] Zu diesen Funden siehe Konikoff, *Sarcophagi*, 10.

[46] Ibid.

[47] Ibid. 27.

[48] Ibid. 29 und 31.

folge deutet diese Motivik auf die Integration der Juden in der römischen Gesellschaft der Spätantike hin.[49]

Ein ähnlicher Befund von jüdischen und paganen Motiven auf jeweils verschiedenen Sarkophagen findet sich in Bet She'arim, einem Katakombenkomplex in Israel, der im dritten und vierten Jahrhundert als jüdische Begräbnisstätte genutzt wurde. Während einige Sarkophage keine oder nur traditionell jüdische Symbole aufweisen, finden sich in anderen Räumen solche, deren Dekorationen der paganen Mythologie entlehnt sind, wie z.B. der Geschichte von Leda und dem Schwan.[50] Erwin Goodenough hat den Befund von Bet She'arim zum Anlass genommen, die dort bestatteten Träger des Titels "Rabbi" von den Rabbinen der rabbinischen Literatur zu unterscheiden, eine Hypothese, die von Shaye Cohen unterstützt worden ist.[51] Angeblich könne man sich schwer vorstellen, dass schriftgelehrte Rabbinen an einem Ort bestattet seien, der Sarkophage mit paganen Motiven enthalte.

Stuart Miller und Hayim Lapin haben diese Behauptung jedoch kritisch hinterfragt. Miller weist zurecht darauf hin, dass Rabbinen bestimmte, in der paganen Umwelt vorherrschende Motive aufgenommen und auf dem Hintergrund ihrer eigenen Weltanschauung verstanden haben können.[52] Die Rabbinen waren, neueren Forschungen zufolge, auch stärker in die griechisch-römische Umwelt eingebunden, als in früheren Studien angenommen wur-

---

[49] Ibid. 10.

[50] Zu diesem Sarkophag siehe Avi-Yonah, "Sarcophagus", und Kapitel 3.

[51] Goodenough, *Symbols*; Cohen, "Rabbis", 231, 235–6.

[52] Miller, "Rabbis", 32–4.

de.[53] Lapin betont, dass Individuen mit Varianten des Titels "Rabbi" ausschließlich in den Katakomben 1, 14, und 20 bestattet sind, was auf Familienzusammenhänge hinweist.[54] In den dort gefundenen Inschriften werden am häufigsten hebräische und aramäische Schriftzeichen verwendet und es finden sich keine paganen Symbole.[55] Dies bedeutet wohl, dass reiche rabbinische Familien Bet She'arim zwar als Grabstätte wählten, sich aber von anderen, stärker hellenistisch geprägten jüdischen Familien, die pagane Motive verwendeten, distanzierten. Ganz ähnlich wie in Rom gab es im spätantiken Israel ein ganzes Spektrum von Möglichkeiten, seine religiöse und kulturelle Identität visuell und inschriftlich auszudrücken. Während einige Juden die traditionelle Symbolik und semitische Schrift bevorzugten, waren andere der Motivik und Sprache der griechisch-römischen Umwelt zugeneigt, die sie individuell adaptierten und interpretierten.

Im Unterschied zur Synagoge in Dura Europos, deren Wandmalereien nur biblische Figuren und Themen rezipieren, kombinieren die Fußbodenmosaike der israelischen Synagogen traditionell jüdische Motive mit solchen, die auch in der griechisch-römischen und byzantinisch-christlichen Umwelt erscheinen. So begegnet die figürliche Repräsentation der Sonne – oft mit dem Sonnengott Helios verglichen – im Zentrum eines Zodiakkreises, während in anderen Teilen des Mosaiks traditionell jüdische, geometrische und florale Motive vorherrschen.[56] Die

---

[53] Siehe z.B. die bereits erwähnten drei Bände von Schäfer (ed.), *Yerushalmi*.

[54] Lapin, "Rabbis", 322.

[55] Hezser, *Literacy*, 385–6.

[56] Magness, "Helios", 363, weist darauf hin, dass das gleiche Schema in allen "Zodiaksynagogen" aufzufinden ist.

Kombination der Motive mag auf eine fortgeschrittene Integration jüdischer Kunst in den Kontext der römisch-byzantinischen Provinzkultur hinweisen. Es ist anzunehmen, dass diejenigen, die diese Mosaike in Auftrag gaben, sich in der griechisch-römischen Kultur ebenso zuhause fühlten wie in der jüdischen und die Aufnahme von Motiven, die nicht der jüdischen Tradition entstammten, nicht als problematisch ansahen.

Man kann wahrscheinlich noch weiter gehen und sagen, dass Motive wie die personifizierte Sonne und Jahreszeiten für die jüdischen Synagogenleiter und -besucher nicht nur nicht problematisch waren sondern als beste Medien angesehen wurden, um im römisch-byzantinischen Kontext jüdische theologische Inhalte zum Ausdruck zu bringen. Ähnliche Motive begegnen in christlichen Kontexten und scheinen als multivalente Symbole gegolten zu haben.[57] Der Niedergang paganer Kulte im vierten bis sechsten Jahrhundert mag, um Levines Argument aufzugreifen, die Assoziation dieser Symbole mit Idolatrie gemindert haben. Pagane Tempel verwahrlosten oder wurden umfunktioniert, Götterstatuen verloren ihren sakralen Charakter.[58] Die Wiederverwertung von Baumaterialien und Tempelgebäuden mag eine Analogie in der Aufnahme und Neuinterpretation künstlerischer Motive und Symbole erfahren haben. Symbole wie der Sonnengott Helios wurden im spätantiken Judentum und

---

[57] Zum Helios-Motiv siehe Hezser, "Sun"; Levine, *Visual Judaism*, 319–36.

[58] Deichmann, "Kirchen", und Fowden, "Bishops", rechneten mit der Zerstörung und Übernahme paganer Tempel und ihre Umwandlung in Kirchen. Für eine kritische Hinterfragung dieser Argumente siehe Lavan, "End", xix-xxxiv.

Christentum "recycled" und mit neuen, den jeweiligen Weltanschauungen entsprechenden Inhalten gefüllt.

Der früheren Erforschung der spätantiken jüdischen und christlichen Kunst ging es in erster Linie darum, die Bedeutungen der Symbole, Motive, und Szenen festzustellen. So wurde spekuliert, ob der Zodiakkreis in palästinischen Synagogen mit dem liturgischen Kalender zusammenhängen und ob Helios den jüdischen Gott darstellen könnte.[59] Was die Auftraggeber und Kunsthandwerker mit den Darstellungen verbanden lässt sich nicht mehr rekonstruieren, denn dazu liegen uns keine Quellen vor. Außerdem lassen sich Kunstwerke nicht auf eine einzige Bedeutung festlegen, sondern werden von jedem Betrachter individuell rezipiert. Es kommt also nicht so sehr auf die Intention des Auftraggebers, sondern auf die Interpretation durch den Betrachter an.

In seinem Buch, *Roman Eyes: Visuality and Subjectivity in Art and Text*, beschäftigt sich Jaś Elsner mit dem Prozess des Betrachtens antiker Kunst. Er betont "the wide and remarkable range of visualities and viewings that ancient Greeks and Romans under the empire were able to apply to what they looked at".[60] Sichtweisen und Interpretationen waren nicht nur so individuell und subjektiv wie die einzelnen Kunstbetrachter selbst, sondern konnten sich auch mit der jeweiligen Stimmung des Betrachters ändern. Jedem von uns, der Museen besucht und Bilder betrachtet, ist dieses Phänomen bekannt. Die Spannbreite des antiken Verständnisses bestimmter Symbole und Motive kann nur im weiteren sozialen, religiösen, kulturellen,

---

[59] Liturgischer Kalender: Hachlili, "Zodiac", 76; Fine, *Art*, 200. Jüdischer Gott: Goodman, "Image", 135.

[60] Elsner, *Eyes*, xvi.

und politischen Kontext verstanden werden. Elsner drückt diese Vorgehensweise folgendermassen aus:

> "My focus then is on the pattern of cultural constructs and social discourses that stand between the retina and the world, a screen through which the subjects of this inquiry (that is, the Greek and Roman people) had no choice but to look and through which they acquired (at least in part) their sense of subjectivity".[61]

Die Subjektivität des Betrachters bewegt sich in einem kulturellen Rahmen, der durch das bereits Gesehene, Gehörte, und Gelesene bestimmt wird. Dies führt uns zu Julia Kristevas Verständnis der Intertextualität, die viel weiter gefasst wird als das Verhältnis bestimmter Texte zueinander und auch visuelle Eindrücke betrifft. Es handelt sich, Kristeva zufolge, bei Intertextualität um ein Netzwerk von Zeichen, das alle "signifying systems" einer Kultur umfasst. Dabei ist weder ein Text noch ein Bild ein "self-sufficient, closed system", sondern jedes kulturelle Produkt steht in einem engmaschigen Verhältnis zu anderen Äußerungen einer Gesellschaft und ist nur in diesem Zusammenhang verstehbar.[62]

Kristevas erweitertes Verständnis der Intertextualität beruht auf dem Ansatz von Roland Barthes, demzufolge kulturelle Äußerungen immer andere Äußerungen aufnehmen, zitieren, nachahmen, und verwandeln.[63] In seinem Essay zur Rhetorik des Bildes fragt Barthes: "How does meaning get into the image?"[64] Ein Bild besteht in der Regel aus einer Anzahl von Zeichen, die nur auf dem Hintergrund von kulturellem Wissen und gesellschaftli-

[61] Ibid. xvii.

[62] Siehe Makaryk (ed.), *Encyclopedia*, 568.

[63] Siehe Barthes, "Work", 77.

[64] Barthes, "Rhetoric", 152.

chen Praktiken zu entschlüsseln sind. Dabei gilt: "All images are polysemous; they imply, underlying their signifiers, a 'floating chain' of signifieds, the reader able to choose some and ignore others".[65] Überschriften und Beschreibungen mögen versuchen, die Bedeutung eines Bildes einzugrenzen, ein Prozess, den Barthes "anchorage" ("Verankerung") nennt.[66] Eine solche linguistische Begrenzung ist aber nicht in der Lage, alle anderen Verstehensweisen auszuschließen. Selbst wenn die einzelnen Zeichen eines Bildes einem kulturellen Code entnommen sind, ist das Verständnis dem individuellen Betrachter entsprechend unterschiedlich. Dennoch ist der Bedeutungsspielraum nicht unbegrenzt: "it depends on the different kinds of knowledge – practical, national, cultural, aesthetic – invested in the image, and these can be classified, brought into a typology".[67] Es geht also darum, die möglichen Konnotationen eines Bildes im gesellschaftlichen und kulturellen Umfeld, in dem es in Erscheinung tritt, und aufgrund des Wissens, das die Betrachter mitbringen, aufzudecken.

Für das Verständnis der spätantiken jüdischen und christlichen Kunst stehen uns dazu in erster Linie die jeweiligen literarischen Äußerungen der Rabbinen und Kirchenväter zur Verfügung. Diese Texte sollten, soweit sie Figuren, Symbole, Motive, und Szenen, die in der Kunst vorkommen, erwähnen, als ein möglicher Verstehenshorizont herangezogen werden.[68] Während Goodenough von einem radikalen Gegensatz zwischen den Rabbinen und

[65] Ibid. 156.

[66] Ibid.

[67] Ibid. 160.

[68] Als Beispiel für diesen Ansatz kann meine Untersuchung des Sonnenmotivs gelten, siehe Hezser, "Sun".

denjenigen ihrer jüdischen Zeitgenossen, die Synagogen mit Zodiakmosaiken besuchten, ausging und deshalb literarische Bezugnahmen auf Symbole gar nicht erst untersuchte, bzw. Analogien nur bei Philon und in mystischen Quellen vermutete, haben Forscher nach ihm für die Notwendigkeit einer Gegenüberstellung von Bild und Text plädiert. In diesem Zusammenhang ist besonders ein in Vergessenheit geratenes Buch von Jacob Neusner zu nennen, welches einen neuen Ansatz für die Sicht der religiösen Symbolik bietet. In *Symbol and Theology in Early Judaism* plädiert Neusner dafür, ikonographische und literarische Quellen gemeinsam zu untersuchen, um die theologische Symbolik des antiken Judentums besser zu verstehen.

Neusner betont gleich am Anfang, dass der symbolische Diskurs nicht nur in Bildern, sondern auch literarisch ausgedrückt wurde.[69] Er schreibt:

> "What I demonstrate is that at a particular moment in the unfolding of Judaism in its formative age, the first through the seventh century, the symbolic mode of discourse took its place alongside the propositional, and in both literary and iconic form, within the same span of time, the fifth and sixth centuries, the Judaism of the rabbinic writings and that of the synagogues conveyed messages in a formerly uncommon medium of communication".[70]

Hier werden rabbinische und ikonographische Quellen gezielt in Beziehung zueinander gesetzt. Neusner vermutet, dass in beiden Korpora eine begrenzte Symbolsprache benutzt wird, die sich auf bestimmte Figuren, Ereignisse,

[69] Neusner, *Symbol*, xiv.
[70] Ibid. xv.

und Objekte konzentriert.[71] Dabei müssen die ikonographischen und literarischen Quellen aber zunächst unabhängig voneinander, in ihrem jeweils eigenen Kontext, verstanden werden, bevor man sie aufeinander bezieht. Sonst kommt es leicht zu einer Rabbinisierung künstlerischer Motive. In der rabbinischen Literatur sind es vor allem die Midraschim, die für diese Untersuchung hilfreich sind. Neusner definiert Symbole als "a 'thing' that speaks beyond its own particularity", d.h. ein Zeichen, das über sich selbst hinausweist und für einen anderen, meist theologischen Sachverhalt steht.[72] Solche Symbole können sowohl in der Kunst als auch in Texten miteinander kombiniert sein, um neue Bedeutungsinhalte auszudrücken.[73]

In der neutestamentlichen Wissenschaft sind die Begriffe der Metapher und Allegorie geläufiger, aber auch sie sind in ihrer Bedeutung und Anwendung umstritten. "Metapher, Allegorie und Symbol sind zentrale Begriffe der Literaturwissenschaft".[74] Sie werden als Mittel der Bildsprache angesehen und dienen dazu, abstrakte Sachverhalte visuell zu verdeutlichen. Dabei lässt sich der Unterschied zwischen Metapher und Symbol nur hermeneutisch, im jeweiligen Textzusammenhang erschließen. Die Metapher wird meist als Baustein des Gleichnisses, das Symbol dagegen als Teil der Allegorie angesehen. Während die Metapher nur im literarischen Kontext richtig verstanden werden kann, ist das Symbol eigenständiger,

---

[71] Ibid. xviii.

[72] Ibid. 1.

[73] Ibid. 7. Es besteht die Möglichkeit, dass "the things listed when viewed on their own are opaque. They gain sense only when joined together" (ibid. 18).

[74] Kurz, *Metapher*, 5.

da es als solches bereits als Zeichen für etwas anderes steht. Die Verbindung solcher eigenständiger Symbole kann zur allegorischen Redeweise führen, wie sie zum Beispiel für Philon von Alexandrien typisch ist.[75]

Ob und inwiefern der Zodiakkreis und die Verbindung der Tafeln eines Bodenmosaiks als Allegorie anzusehen sind, muss im Einzelnen untersucht werden. So haben zum Beispiel Ze'ev Weiss und Ehud Netzer versucht, das in Sepphoris ausgegrabene Synagogenmosaik nach dem Schema "Promise and Redemption" zu erklären. Angeblich gibt es einen thematischen Zusammenhang zwischen den einzelnen Tafeln des Mosaiks, die zusammen eine theologische und eschatologische Botschaft ausdrücken. So wie Gott sein Volk in der Vergangenheit beschützt und versorgt hat, so wird er sich auch in Zukunft um sie kümmern, indem er den Tempel wiedererrichtet, seine *Schekhinah* dort wohnen lässt, und der Welt Reichtum beschert.[76] Ähnlich zusammenhängend und narrativ interpretiert Roland Deines das dreiteilige Schema der sogenannten Zodiaksynagogen, das am ausgeprägtesten in Bet Alpha vorliegt. Dieses Schema drückt seines Erachtens auf symbolische Art und Weise aus, wie Israel Gott erfahren hat: in der Heilsgeschichte (biblische Szenen), in der kosmischen Ordnung (Zodiak), und in der Torah (Torahschrein).[77] Man mag allerdings fragen, ob und inwiefern die Interpreten den Mosaiken ihre eignen Ansichten überstülpen. Kann man annehmen, dass alle Besucher der Synagogen sich dieser theologischen Zusammenhänge be-

[75] Zur Allegorie bei Philon und in der hellenistischen Philosophie siehe Nordgaard Svendsen, *Allegory*, 9–52.

[76] Weiss und Netzer, *Promise*, 37.

[77] Deines, "Revelation", 155.

wusst waren und die Mosaike auf ein und dieselbe Art und Weise verstanden haben?

Der bereits oben betonte subjektive Ansatz der Kunstbetrachtung würde dem widersprechen. So schreiben Zanker und Ewalt: "It is the same here as elsewhere: the viewer's specific interest guides the way he sees and the way he reactivates what he sees".[78] Der erste Eindruck wird das Erstaunen im Angesicht der Bilder gewesen sein.[79] Seth Schwartz weist auf die numinose Atmosphäre der spätantiken Synagogen – und wohl auch der byzantinischen Kirchen – hin.[80] Die Kunst trug dazu bei, dass Menschen, die diese Gebäude betraten, sich in einem sakralen, dem Alltag enthobenen Raum wiederfanden. Wie sie die einzelnen Darstellungen bei genauerer Betrachtung interpretierten, hing von ihrer jeweiligen Bildung, religiösen Einstellung und kulturellen Offenheit ab. Außerdem werden Einflüsse der Umgebung eine wichtige Rolle gespielt haben: Theatervorstellungen, in denen griechisch-römische Mythologie verbreitet oder lächerlich gemacht wurde;[81] Tempel, Kirchen, Villen, öffentliche Gebäude, und Begräbnisstätten mit Mosaiken, Fresken, Reliefs, und Graffiti; Götter- und Herrscherstatuen im öffentlichen Raum;[82] und letztendlich auch Torah- und Bibellesungen, Predigten und Rituale, die in den Gebäuden selbst stattfanden. Die eigenen kulturellen und religiösen Vorkenntnisse, gekoppelt mit den Einflüssen der Umwelt, in der man lebte, stellten den intertextuellen Kontext dar, in des-

---

[78] Zanker und Ewald, *Myths*, 8.

[79] Elsner, *Eyes*, xvi.

[80] Schwartz, *Imperialism*, 248.

[81] Siehe dazu Weiss, *Spectacles*, 117–69.

[82] Siehe Eliav, "Viewing".

sen Rahmen die Kunstwerke auf den Einzelnen gewirkt haben werden.

Natürlich werden nicht alle spätantiken Juden und Christen mit der gesamten Bibel vertraut gewesen sein und die Ansichten der Rabbinen und Kirchenväter gekannt und geteilt haben. Synagogenbesucher werden von den wöchentlichen Torahlesungen her die wichtigsten biblische Figuren und Geschichten gekannt haben. Anhänger bestimmter örtlicher Rabbinen, die deren Predigten besuchten, mögen einige ihrer Bibelinterpretationen in Erinnerung behalten haben. Inwieweit Christen der Spätantike mit dem Inhalt des Alten und Neuen Testaments vertraut waren, ist ungewiss und wird von den jeweiligen Lebensumständen abhängig gewesen sein. Wie bereits oben betont wurde, muss die allgemeine Leseunfähigkeit berücksichtigt werden. Die meisten Menschen werden nur mit dem vertraut gewesen sein, was Vermittler wie Rabbinen, Kirchen- und Straßenprediger, Magier, und Schauspieler ihnen mitteilten. Ihr Wissenshintergrund wird nicht auf dem Studium von Texten, sondern dem Hören von Erzählfetzen, Gerüchten, Lesungen, Reden und mündlicher Kommunikation beruht haben. Uns zugänglich sind aber immer nur die Texte, die von Angehörigen der gebildeten Schichten überliefert worden sind.

Peter Brown vermutet, dass in der byzantinischen Zeit Bilder Texte immer mehr ersetzten, was die Vermittlung christlicher Religiosität an die Massen betraf.[83] Zu Texten hatte nur die gebildete Elite Zugang, während Bilder alle Schichten ansprachen. Averil Cameron zufolge war die Visualisierung christlicher Themen vom fünften Jahrhundert an ein wichtiges Instrument der Verbreitung der

---

[83] Brown, "Images".

christlichen Botschaft, d.h. Bilder wurden gezielt eingesetzt, um das Christentum innerhalb des byzantinischen Reichs darzustellen und zu verbreiten.[84] Nilus von Ankyra (= Nilus vom Sinai, 5. Jh.), ein Schüler des Johannes Chrysostomus, drückt diese Sicht ganz explizit aus: Kirchen sollen mit alt- und neutestamentlichen Szenen dekoriert werden, damit die des Lesens unkundigen Christen davon in ihrem Glauben gestärkt werden.[85] Um 600 vertritt Gregor der Große in einem Brief an Bischof Serenus von Marseilles eine ähnliche Ansicht: Bilder in Kirchen helfen Christen, das, was sie nicht lesen können, visuell wahrzunehmen.[86] Darstellungen von Heiligen und Märtyrern sollten sie zur Nachahmung animieren. Cameron sieht den Höhepunkt der christlichen Bildkunst in der Zeit vom späten sechsten Jahrhundert an, als die traditionellen Bildungsmöglichkeiten zunehmend verschwanden. Ikonen nahmen den Platz von Bibeltexten ein.[87] Ähnlich argumentiert Peter Brown, dass der Einsatz von Bildern als didaktische Medien bezeichnend für die "spätere Spätantike" war.[88] Der Zugang zu Bildern und Ikonen manifestierte sich oft ganz konkret: "pilgrims came ... to touch and not to read".[89] Die visuellen Darstellungen waren nicht nur Ausdruck des oder der Heiligen, sondern wurden selbst als heilig angesehen.

Lassen sich daraus auch Rückschlüsse auf den Beginn der jüdischen und christlichen Kunst im dritten (Dura

---

[84] Cameron, *Christianity*, 150.

[85] Ibid. 151 mit Hinweis auf PG 79, 578.

[86] Gregor der Grosse, Ep. 9.229 (599); siehe auch Ep. 11.10 (600), zitiert in Brown, "Images", 18.

[87] Cameron, *Christianity*, 152.

[88] Brown, "Images", 17.

[89] Ibid. 25.

Europos) bis fünften Jahrhundert (Sepphoris, Bet Alpha) ziehen? Soll man annehmen, dass Synagogenleiter, die Fresken und Mosaikfußböden in Auftrag gaben, ihren leseunkundigen jüdischen (und nichtjüdischen) Zeitgenossen religiöse Sachverhalte zugänglich machen wollten? Sollten die Bilder diejenigen ansprechen, die hebräische Bibellesungen nicht verstanden und in erster Linie wegen der numinosen Atmosphäre in die Synagoge kamen? Was für eine Art von Judentum und Christentum konnte durch Bilder vermittelt werden, und wie unterschied bzw. verhielt sich diese Vermittlung zu den vorgelesenen Bibeltexten und erzählten Geschichten?

Eine Möglichkeit ist die Verwendung von Bildern, um Bibeltexte zu illustrieren und das Vorgelesene möglichst lebendig und eindrucksvoll darzustellen. Könnte der Freskenzyklus von Dura Europos eine solche hermeneutische Funktion gehabt haben? So schreibt Aaron Koller im Hinblick auf die Estherdarstellung: "Clearly, the paintings must be read as midrash, as fundamentally referential to the biblical stories ...".[90] Ähnlich vermutet Rachel Hachlili Targum und Midrashtraditionen hinter den narrativen Darstellungen der Fresken.[91] Bestimmte Szenen werden manchmal theologisch gedeutet. So sieht Harald Riesenfeld die Auferstehungshoffnung von Ezekiel 37:12 in einer Wandmalerei abgebildet, und Jens Herzer verbindet dies sogar mit dem Glauben der Pharisäer, wenn er schreibt: "In the course of tradition, Ezek. 37 advanced to a rather graphic scenario of an individual resurrection belief in Pharisaic circles, which found its genuine expression in the wall painting of the synagogue in Dura Europos

[90] Koller, *Esther,* 155.

[91] Hachlili, *Diaspora*, 185.

dating to the third century C.E."[92] Sollten also pharisäisch-rabbinische Traditionen hinter der syrischen Diasporakunst zu vermuten sein?

Eine den Bibeltext illustrierende Funktion ist zumindest für die Zodiakmosaike der palästinischen Synagogen von vorneherein ausgeschlossen. Gerade dort, wo Rabbinen agierten, wie z.B. in Tiberias und Sepphoris, ist das Verhältnis zwischen rabbinischen Traditionen und Synagogenkunst kompliziert. Goodenough hat, wie bereits bemerkt, sogar einen radikalen Gegensatz zwischen diesen angeblich unvereinbaren Formen des spätantiken Judentums angenommen. Dezidierte Vergleiche von Motiven und Symbolen, die in der Kunst und in der Literatur vorkommen, sind aber bisher, von wenigen Ausnahmen abgesehen, nicht unternommen worden. Solche Vergleiche sind aber notwendig, nicht nur, um das Verhältnis zwischen Rabbinen und Synagogenkunst, Text und Bild, neu zu bestimmen, sondern auch um *einen* möglichen Verstehenshorizont der Kunst zu rekonstruieren. Rabbinische Juden – d.h. Rabbinen mit ihren Familien, Schülern und Anhängern – mögen die Kunst nicht generell abgelehnt, sondern sie auf ihre Art und Weise interpretiert haben. Diese rabbinischen Interpretationen konnten in Predigten zum Ausdruck gebracht werde. Allerdings sollten rabbinische Interpretationen nicht verallgemeinert und als einzig mögliche jüdische Auslegungsweise verstanden werden.

Wenn die spätantike jüdische und christliche Kunst als Propaganda für die jeweils eigene religiöse Identität einer bestimmten Religionsgemeinschaft verstanden wird,

---

[92] Herzer, "Riddle", 148. Zu Ez. 37 und den Wandmalereien von Dura Europos siehe auch Riesenfeld, *Resurrection.*

muss immer auch der lokale Kontext herangezogen werden. Gab es im näheren Umkreis der jeweiligen Synagogen Kirchen oder pagane Tempel, die als Kontrahenden im religiösen Wettbewerb fungieren konnten? Peter Brown schreibt: "Images were also expected to speak, to outsiders, of the majesty of one's own religion, and were partly created to do so".[93] Was Dura Europos betrifft, hat Hachlili darauf hingewiesen, dass römische Tempel in Syrien keine Wandmalereien aufwiesen – sie imponierten vielmehr durch ihre Architektur.[94] Da die Räume der nahe an der Synagoge gelegenen Kirche ebenfalls mit Fresken ausgestattet waren, ist die Kirche als primärer Konkurrent der Synagoge anzusehen.[95]

Ähnlich ist zu untersuchen, mit welchen visuellen Darstellungen die Synagogenkunst Palästinas konkurrierte, d.h., in welchem künstlerischen Kontext sie hervorgebracht wurde. Waren alle in der Provinz Syrien-Palästina entstandenen Kunstwerke Imitate der griechisch-römischen Kunst, wie Stewart vermutet? Waren diejenigen, die die Kunst in Auftrag gaben, sich dessen bewusst? Wie verhielten sich die Darstellungen in Synagogen zu denjenigen, die in privaten Villen (z.B. das sog. Mona Lisa Haus in Sepphoris), halb-öffentlichen Gebäuden (z.B. das Nil-Haus in Sepphoris), und in Bestattungskontexten (z.B. Bet She'arim) zu finden sind? Wie verhielt sich die Kunst in Sepphoris zu derjenigen in anderen Städten (vgl. z.B. die Nil-Szenen im Haus des Kyrios Leontis in Bet She'an mit dem Nil-Haus in Sepphoris)? Kann man zwischen jü-

[93] Brown, "Images", 21.

[94] Siehe Hachlili, *Diaspora*, 183.

[95] Ob die übrigen Räume Fresken hatten, ist ungewiss.

dischen und nichtjüdischen Auftraggebern und Benutzern dieser Gebäude unterscheiden?

In den folgenden vier Kapiteln werde ich allgemeineren Fragestellungen nachgehen, indem ich mich auf die Untersuchung bestimmter Motive konzentriere. Im zweiten Kapitel geht es um das Verhältnis von Bild und Text. Wie verhalten sich die bildlichen Darstellungen der Aqedah, d.h. der "Bindung" Isaaks, zu der literarischen Versionen der Geschichte in der Hebräischen Bibel und späteren jüdischen und christlichen Texten? Im dritten Kapitel wird die Aufnahme griechischer Mythologie in jüdische und christliche Kunst anhand der jeweiligen Darstellungen von Leda und dem Schwan und Maria und der Taube untersucht. Das vierte Kapitel ist der spezifisch jüdischen und christlichen Symbolik gewidmet. Wie kam es zum Gebrauch von Menorah und Kreuz als Ausdruck christlicher und jüdischer Identität? Im fünften und letzten Kapitel wird der Frage nach künstlerischen Bedeutungszusammenhängen nachgegangen. Lassen sich solche Zusammenhänge bei Mosaikfußböden und Freskengruppen vermuten und rekonstruieren? Die ikonographischen Vergleiche weisen auf interessante Ähnlichkeiten und Unterschiede im spätantiken Judentum und Christentum hin, für die sowohl theologische als auch politische und sozialgeschichtliche Gründe angeführt werden können.

2. Biblische Szenen: Die Aqedah (Bindung Isaaks) zwischen Bild und Text

Darstellungen, die sich auf biblische Erzählungen, Personen, und Objekte beziehen, erscheinen zum ersten Mal in der jüdischen und christlichen Kunst der Spätantike. Darüber, warum bestimmte Szenen, Gestalten, und Objekte bildlich dargestellt wurden und andere nicht, lassen sich nur Vermutungen anstellen. Eine bestimmte Auswahl von Motiven erscheint in mehreren Synagogen, in jüdischen und christlichen Kontexten, in Israel und der Diaspora. Andere Motive sind nur vereinzelt in jüdischen oder christlichen Kontexten anzutreffen. Warum hat man sich auf diese Motive konzentriert? Was könnten die Auswahlkriterien gewesen sein?

Um diese Frage zu beantworten, muss man zwischen früheren (drittes bis viertes Jahrhundert) und späteren Darstellungen (fünftes bis sechstes Jahrhundert), Israel und der Diaspora, Synagogen/Kirchen und Bestattungskontexten unterscheiden. Im jüdischen Bereich erscheinen die meisten und frühesten biblischen Darstellungen in der Diaspora, auf den Wandgemälden der Synagoge von Dura Europos, deren letzte Phase inschriftlich in die Mitte des dritten Jahrhunderts datiert ist. Bereits hier werden zwei Dinge deutlich: Erstens handelt es sich bei der Auswahl und Anordnung der Szenen nicht um die fortlaufende Illustration der Torah oder des Tanach, sondern um Traditionen, die aus der mündlichen Überlieferung bekannt und heilsgeschichtlich bedeutsam waren. Obwohl

Episoden aus der Torah überwiegen, sind sie nicht der biblischen Reihenfolge nach angeordnet und mit Episoden aus den sogenannten Schriften (Ketuvim) und prophetischen Büchern (Nevi'im) vermischt.[1] Zweitens mögen visuelle Modelle entscheidender gewesen zu sein als textliche Details. Kraeling weist auf Analogien in paganen Tempeln hin.[2]

Auf den Fußbodenmosaiken der spätantiken israelischen Synagogen sind biblische Szenen viel seltener anzutreffen, und die Auswahl ist sehr viel beschränkter. Eine kleine Auswahl von Motiven erscheint wiederholt in verschiedenen Kontexten:

- Die Bindung Isaaks (Sepphoris, Bet Alpha; vgl. Dura);
- Die Arche Noahs (Gerasa, Misis-Mopsvestia);
- Daniel in der Löwengrube (Na'aran, Susiya);
- König David (als Orpheus: Gaza, vgl. Dura; mit Goliaths Waffen: Merot).[3]

Rachel Hachlili hat bereits betont, dass die Mosaikbilder nicht Textillustrationen sind, wie sie zum Beispiel in illuminierten Manuskripten erscheinen, sondern Illustrationen von Geschichten ("illustrations of a tale").[4] Diese Beobachtung passt gut in den Rahmen einer Gesellschaft, in der die Praxis mündlicher Überlieferung weitaus verbreiteter war als das Studium des Torahtextes.[5] Bei den dargestellten Szenen und Figuren mag es sich um Traditionen handeln, mit denen die jüdische Bevölkerung am meisten

---

[1] Zur Anordnung der Einzelbilder siehe Kraeling, *Excavations*, 70–239.

[2] Ibid. 66 und 68–9.

[3] Hachlili, *Mosaic Pavements*, 57.

[4] Ibid. 93.

[5] Siehe dazu Hezser, *Literacy*, 496–504; eadem, "Bookish Circles", 79–81.

vertraut war, vielleicht weil sie schon Kindern erzählt wurden. Interessanterweise orientieren sich die Darstellungen nicht am Zyklus der Torahlesungen in den Synagogen. Es handelt sich vielmehr um einzelne Episoden, die dem biblischen Kontext entnommen und – im Unterschied zur Synagoge in Dura Europos – mit paganen Motiven verbunden wurden.[6] Hachlili zufolge handelt es sich bei den Szenen um Episoden göttlicher Interventionen. Diese heilsgeschichtlichen Momente werden punktuell und symbolisch dargestellt.[7] Einige der Motive und Figuren mögen in Musterbüchern vorgelegen haben. Illuminierte Manuskripte scheinen als Modelle aber auszuscheiden, denn im Unterschied zu den Mosaikbildern dienten sie dazu, den Bibeltext darzustellen und zu erklären.[8] Jedes Mosaikbild ist als "a memento and commemoration of a known legend" anzusehen.[9] Durch die symbolische und abstrakte Darstellung sollten bei den Betrachtern Assoziationen an allgemein bekannte Geschichten hervorgerufen werden.

Diese Überlegungen sind sehr wichtig für eine Untersuchung des Verhältnisses zwischen Bild und Text. Sie komplizieren dieses Verhältnis insofern, als man nicht von einer direkten Bezugnahme der Bilder auf bestimmte Texte ausgehen kann. Biblische Geschichten, auf die in Fußbodenmosaiken und Wandmalereien angespielt wird, werden der jüdischen Bevölkerung mündlich vermittelt worden sein. Die Kunsthandwerker haben wohl keine Texte, sondern visuelle Modelle und Skizzen als Vorlage

[6] Zum Gesamtzusammenhang der Mosaikfussböden siehe Kapitel 5.

[7] Hachlili, *Mosaic Pavements*, 94.

[8] Ibid.

[9] Ibid. 95.

verwendet. Der Grund, warum ein bestimmtes Motiv gewählt wurde, scheint nicht so sehr an seiner Zentralität im Bibeltext gelegen zu haben, sondern an seiner Popularität, theologischen Bedeutung, und Bedeutung in der interreligiösen Auseinandersetzung der damaligen Zeit.

Lee Levine betont, dass die Bedeutung der Szenen nur verstanden werden kann, wenn man die entsprechenden literarischen Quellen zu Rate zieht:

> "What does a particular scene or sequence of scenes mean? What messages are being conveyed by the artist, the donors, or the community at large by these depictions? Here the literary evidence is indispensable for an interpretation of art. It can provide the cultural-historical context of the artist and the congregation; at best, it can help us understand what beliefs and views were being expressed (...)".[10]

Hachlili, die den abstrakten und symbolischen Wert der Bilder betont, weist dagegen visuellen Modellen eine größere Bedeutung zu:

> "Had the source of any painting been the biblical text, there would surely have been consensus about its identification. The fact that there is frequently disagreement among scholars about which biblical text is quoted for any specific scene proves that the immediate source was not the biblical text itself but a readily available visual repertoire".[11]

Selbst wenn die Bilder sich eindeutig auf bestimmte biblische Geschichten beziehen lassen, was nicht immer der Fall ist, können wichtige Details fehlen oder vom biblischen Text abweichen. Gelegentlich können literarische Analogien zu visuellen Abweichungen in Targum oder

---

[10] Levine, *Synagogue*, 595.

[11] Hachlili, *Mosaic Pavements*, 96.

Midrasch ausfindig gemacht werden.[12] Aber selbst dann ist nicht notwendigerweise der Midraschtext selbst, sondern eher die mündliche Überlieferungstradition als "Quelle" der visuellen Darstellung anzusehen.

Die rabbinische Tradition, insbesondere die midraschische Auslegung der Bibeltexte, kann außerdem immer nur die relativ begrenzte Sicht bestimmter Rabbinen reflektieren. Inwieweit diese Auslegungen innerhalb der jüdischen Bevölkerung bekannt waren und geteilt wurden ist ungewiss. Besonders wenn es sich um Kunst handelt, die in Diasporakontexten begegnet, wie in Dura Europos oder Rom, also an Orten, für die wir keine Belege rabbinischer Anwesenheit haben,[13] muss man fragen, ob und wie die Bevölkerung rabbinische Interpretationen gekannt haben konnte. Auch in Palästina waren die Rabbinen keine Funktionsträger in Synagogen und standen letzteren oft kritisch gegenüber. Ein rabbinischer Einfluss auf die Synagogenkunst ist deshalb auch in Palästina unwahrscheinlich.[14] Bei Analogien zwischen visuellen Darstellungen und rabbinischen Texten ist deshalb eher eine mündliche Vermittlung oder eine unabhängige parallele Entwicklung anzunehmen.

Ein weiterer sehr umstrittener Sachverhalt ist das Verhältnis zwischen jüdischen und christlichen Darstellungen biblischer Motive. Einige Forscher sind zum Beispiel der Meinung, dass die Wandmalereien der christlichen Via Latina Katakomben in Rom (viertes Jahrhundert) von den Wandmalereien der Dura Europos Synagoge bzw.

---

[12] Hachlili, *Synagogues*, 428.

[13] Zu den Grenzen der Kommunikation zwischen dem rabbinischen Judentum des Landes Israel und besonders der westlichen Diaspora siehe vor allem Edrai und Mendels, *Diaspora*.

[14] Siehe auch Schwartz, *Imperialism*, 247–8.

von rabbinischen Auslegungen beeinflusst sein könnten. So behauptet Kurt Schubert, dass die rabbinische Exegese sowohl die figürlichen Darstellungen der Dura Europos Synagoge als auch bestimmte christliche Wandmalereien beeinflusst hat.[15] Er hält es methodisch für notwendig, auch die frühchristlichen biblischen Motive zunächst auf dem Hintergrund der rabbinischen Tradition zu erklären und erst danach eine mögliche christlich-theologische Neuinterpretation in Erwägung zu ziehen.[16] Ohne detaillierte Beispiele zu geben, behauptet auch Markus Vinzent programmatisch, dass die früheste christliche Kunst jüdische Kunst ist, die sich an jüdischen Vorbildern orientiert.[17]

Kraeling und Hachlili rechnen dagegen mit jeweils unabhängigen Entwicklungen, was die Dura Europos Synagogue und die christlichen Kunst betrifft.[18] Im späten dritten und vierten Jahrhundert, als die Katakombenmalereien entstanden, waren die Wandmalereien in Dura Europos schon lange verschüttet und können deshalb den auch geographisch weit entfernten christlichen Künstlern schlecht als direktes Vorbild gedient haben.[19] Hachlili rechnet deshalb mit einer unabhängigen Entwicklung der jüdischen und christlichen Kunst aufgrund der gemeinsamen biblischen Vorlage, wobei es allerdings hinsichtlich bestimmter Details jüdischen und paganen Einfluss gegeben haben kann.[20]

---

[15] Schubert, “Influence”, 190.

[16] Ibid.

[17] Vinzent, “Art”.

[18] Kraeling, *Excavations*, 399–401; Hachlili, *Diaspora*, 429–32.

[19] Hachlili, *Diaspora*, 431.

[20] Ibid. 432.

Das Verhältnis zwischen der jüdischen und christlichen Kunst und Literatur der Spätantike scheint weitaus komplexer gewesen zu sein, als es einfache Einfluss-Modelle ausdrücken können. Während in der Vergangenheit immer nur mit einem jüdischen Einfluss auf die christliche Kunst gerechnet wurde, ist durchaus damit zu rechnen, dass die biblischen Darstellungen in der jüdische Kunst eine jüdische Reaktion auf die christliche Inanspruchnahme und Interpretation biblischer Inhalte war.[21] In den letzten Jahren haben Forscher wiederholt auf die religiöse Konkurrenz zwischen Judentum und Christentum hingewiesen und talmudische und midraschische Texte als rabbinische Reaktion auf ein triumphierendes Christentum verstanden. So sieht Seth Schwartz die spätantike Synagoge als Ausdruck einer bewussten Judaisierung der palästinischen Umwelt als Reaktion auf die Christianisierung des sogenannten "Heiligen Landes".[22] Ähnlich hat Peter Schäfer vorgeschlagen, bestimmte talmudische Texte als rabbinische Reaktion auf und Auseinandersetzung mit dem Christentum zu verstehen.[23] Entsprechend können auch die biblischen Darstellungen der synagogalen Mosaikfußböden als jüdische Antwort auf christliche Bibelinterpretationen und die christliche Inanspruchnahme biblischer Motive und Gestalten angesehen werden.

Interessanterweise hat Erwin Goodenough bereits vor über sechzig Jahren indirekt auf diese Möglichkeit hingewiesen. Die Tatsache, dass das Motiv der Bindung Isaaks

[21] Siehe auch Zetterholm, "Isaac", 106, die m. E. aber eine zu große Übereinstimmung zwischen der jüdischen und christlichen Interpretation der biblischen Aqedah-Erzählung annimmt.

[22] Schwartz, *Imperialism*, 240.

[23] Schäfer, *Jesus*; idem, *Geburt*; idem, *Judaism*, wo er u. a. die Darstellung Davids in der Dura Europos Synagoge untersucht.

wiederholt in der Synagogenkunst erscheint, mag mit der christlichen Assoziierung dieses Motivs mit der Selbstopferung Christi zusammenhängen. Er schreibt: "... one begins to see why the halachic rabbis did not like the theme of the Akedah. As expanded, it made a striking Jewish parallel to the idea of the atonement of Christ's death".[24] Die Tatsache, dass aus der Spätantike nur drei jüdische Darstellungen der Bindung Isaaks bekannt sind, während es fast zweihundert christliche Darstellungen auf Sarkophagen und in Kirchen gibt, scheint Goodenoughs Hinweis auf die Problematik des Motivs im spätantiken jüdischen Kontext zu unterstützen.[25]

Philon erwähnt die Aqedah in neun seiner Abhandlungen und stellt sie als Abrahams grösstes Werk heraus (Migr. Abr. 30.167).[26] Louis Feldman vermutet, dass seine Interpretation apologetischen Zwecken diente. Hellenistische Gelehrte mögen behauptet haben, dass Abrahams Handlung nichts Besonderes war, da ähnliche Kinderopfer in griechischen Sagen (z.B. Aischylus' *Agamemnon* und Euripides' *Iphigenie auf Tauris*) erwähnt wurden. Philon mag sich also verpflichtet gefühlt haben, Abrahams besonderen Gehorsam zu verteidigen. Er betont, dass es in Mesopotamien, wo Abraham lebte, keine Menschenopfer gab. Isaak war Abrahams einziger "wahrer" Sohn, den er in hohem Alter gezeugt hatte. Abraham hatte Gott immer unbedingten Gehorsam geleistet – darin unterschied er sich von den griechischen Prototypen.[27]

---

[24] Goodenough, *Symbols,* 4: 179.

[25] Zu den Zahlen siehe Speyart van Woerden, "Iconography"; van der Brink, "Sacrifice", 140.

[26] Zu Philons Verwendung der Aqedah siehe Feldman, *Judaism*, 256; Niehoff, *Philo*, 172; Levenson, *Death*, 189–90.

[27] Feldman, *Judaism*, 259–60.

Das Motiv der Aqedah ist in den ersten beiden Jahrhunderten n.u.Z. so sehr von Christen beansprucht und mit christlichen theologischen Bedeutungen belegt worden, dass eine alternative Bedeutung in jüdischen Kontexten nur schwer ausgedrückt werden konnte. Die Tatsache, dass hellenisierte Juden bereit waren, das Motiv in die Synagogenkunst aufzunehmen – in palästinischen Synagogen sogar zusammen mit dem ebenfalls belasteten (paganen) Motiv des Tierkreises – mag ihre Bereitschaft, sich mit Paganismus und Christentum auseinanderzusetzten, anzeigen. Im Unterschied zu Goodenough, der annahm, dass die christliche Sicht Isaaks als Typos Christi auf "some sort of Jewish tradition" beruhte, ist eher davon auszugehen, dass die jüdischen Darstellungen mutige Versuche sind, den Topos in einen jüdischen Kontext zurückzuholen und entsprechend umzuinterpretieren.[28]

Es ist anzunehmen, dass jüdische und christliche Auslegungstraditionen und Adaptionen biblischer Überlieferungen sich in einem kontinuierlichen indirekten Dialog miteinander befanden. Spuren dieses Dialogs sind in den überlieferten Texten und Bildern zu finden, aber er wird insgesamt viel weitläufiger und vielschichtiger gewesen sein. Die Annahme eines indirekten Dialogs geht davon aus, dass die Auslegungen der jeweils anderen Religionsgemeinschaft in erster Linie durch das Überhören von Gesprächen und Reden und das Betrachten von bildlichen Darstellungen bekannt waren. Direkte literarische Abhängigkeiten, bzw. Abhängigkeiten zwischen einem bestimmten Bild und Text oder zwei Bildern lassen sich dagegen kaum bestätigen.[29] Die spätantiken jüdischen

---

[28] Goodenough, *Symbols*, 4:179.

[29] Siehe auch van der Brink, "Sacrifice", 145: Falls es gegenseitige

Bibeldarstellungen waren wohl in erster Linie Reaktion auf mündlich zirkulierende christliche Auslegungen, während die christliche Kunst als christliche Alternative zu jüdischen Interpretationen und Darstellungen anzusehen ist. Gemeinsam war beiden das biblische Erbe und die Berufung auf biblische Gestalten und Geschichten.

Im Folgenden soll dieser Sachverhalt im Hinblick auf das Motiv der Bindung Isaaks untersucht werden. Die biblische Erzählung konnte im spätantiken Kontext verschiedene Assoziationen hervorrufen, mit denen sich jüdische und christliche literarische Interpretationen und visuelle Darstellungen auseinandersetzten. Doch zunächst zum Bibeltext selbst. In Genesis 22 wird erzählt, dass sich Abraham, Gottes Aufruf folgend, mit seinem Sohn Isaac, zwei jungen Männern, und einem Esel zu einem Berg im Land Moriah aufmachte. Isaaks Alter wird nicht angegeben. Bei den jungen Männern, die in der Rahmenhandlung erscheinen (22:3, 5, 19), scheint es sich um Bedienstete (Sklaven?) zu handeln, die als Reisebegleiter und Eseltreiber fungieren. Abraham beauftragt sie, ihn und seinen Sohn eine Strecke des Wegs zu begleiten und mit dem Esel zu warten, bis er von seinem Opferdienst zurückgekehrt ist. Weder Isaak noch die beiden Begleiter werden in Abrahams eigentliches Vorhaben eingeweiht. Selbst Isaak wird ein normales Tieropfer vorgetäuscht (22:7–8). Umso überraschender ist dann Abrahams "Bindung" seines eigenen und einzigen Sohnes auf dem Brandopferaltar und das Erheben eines Messers, um ihn zu töten. In dieser zentralen Szene, in der die Spannung ihren Höhepunkt erreicht, wird sich das Ausmaß von Abra-

Einflüsse gab, was zweifelhaft ist, so werden sie nicht nur in eine Richtung verlaufen sein.

hams Gehorsam gegenüber Gott manifestieren. Im Moment seiner Bereitschaft, seinen eigenen Sohn zu opfern, ist die Stimme eines Engels oder Boten Gottes zu hören, der Abraham neue Anweisungen erteilt (22:11–12). Er soll vom Opfern seines Sohnes ablassen, da sein Gehorsam bereits durch seine Intention erwiesen ist. Da sieht Abraham plötzlich einen sich mit seinen Hörnern im Gebüsch verfangenden Widder, der als Ersatz für das unterlassene Menschenopfer dienen kann (22:13). Die Stimme des Boten Gottes ist ein zweites Mal zu hören und verspricht Abraham eine vielfältige Belohnung für seine Tat (22:17–18). Diese Belohnung (Gottes Segen, Kinderreichtum) wird von Abraham auf seine Nachkommen und "alle Völker der Erde" ausgeweitet. Damit ist die Erzählung abgeschlossen und Abraham kehrt zu seinen Begleitern zurück.

Folgende Aspekte der biblischen Erzählung sind hervorzuheben:

- Erstens steht Abraham eindeutig im Mittelpunkt des Geschehens, während Isaak nur als "Mittel zum Zweck" des Gehorsamserweises erscheint. Isaak scheint nicht bewusst zu sein, dass er selbst geopfert werden soll. Er ist lediglich ein Objekt, dass von Abraham auf den Altar gebunden und dann wieder losgebunden wird. Am Ende, als Abraham zu seinen Begleitern zurückkehrt, wird er nicht einmal mehr erwähnt.
- Zweitens ist Abraham auf Anweisung Gottes bereit, seinen Sohn zu opfern, also ein Menschenopfer zu erbringen, und setzt seinen Plan gleich in die Tat um. Die Ersetzung des Menschenopfers durch ein Tieropfer erfolgt erst aufgrund einer neuen Anweisung Gottes.
- Was am Ende gelobt und belohnt wird ist der absolute Gehorsam Abrahams, der auf Erklärungen verzichtet

und bereit ist, das zu opfern, was ihm am liebsten und teuersten ist.

Wenn man die Geschichte in ihrem biblischen Kontext verstehen will, muss man nahöstliche Opfervorstellungen und -bräuche zurate ziehen.[30] Alttestamentler haben sich bereits in vielen Studien mit den Menschen- und Tieropfern, die im Hintergrund der Abraham-Geschichte stehen, auseinandergesetzt.[31] Offensichtlich wurde das sowohl in der altorientalischen als auch in der griechischen Kultur praktizierte und in zahlreichen Mythen erwähnte Menschenopfer in verschiedenen Gebieten zu unterschiedlichen Zeiten abgeschafft.[32] Ed Noort nimmt an, dass es auch in der Abrahamsgeschichte um den Ersatz des Menschenopfers durch das Tieropfer geht. Die Erzählung scheint anzudeuten, "that YHWE does not request human sacrifices any longer", was impliziert, dass die Israeliten wohl vorher Menschen, und insbesondere erstgeborene Kinder, geopfert haben.[33] Die Geschichte von der Bindung Isaaks ist "a tale about a deadly threat and the rescue from it".[34] Sie handelt von der Bedrohung, sein eigenes Kind opfern zu müssen, um Gottes Befehl auszuführen, und führt letztendlich zur Einsicht, dass Menschenopfer im israelitischen Kult nicht notwendig sind.

---

[30] Zum Opfer allgemein und seinen verschiedenen Bedeutungen siehe Halbertal, *Sacrifice*.

[31] Siehe z. B. Noort, "Genesis 22"; idem, "Child Sacrifice"; Dafni, "Isaak"; Schwenn, *Menschenopfer*.

[32] Siehe dazu die Beiträge in Bremmer (ed.), *World*.

[33] Noort, "Genesis 22", 7, mit Hinweis auf Ez. 20:11, 26 und Ez. 16:20 f: der Prophet Ezekiel verurteilt Kinderopfer, rechnet aber mit der Möglichkeit, dass die Israeliten glaubten, dass diese von Gott selbst verlangt wurden.

[34] Ibid. 19.

Der Philosoph Porphyrius, der im dritten Jahrhundert n.u.Z. lebte, erwähnt die Abschaffung von Menschenopfern in bestimmten Lokalitäten des östlichen Mittelmeerraums und Nordafrikas, aber die Verlässlichkeit seiner Quellen ist ungewiss.[35] Dennis Hughes vermutet, dass seine Beispiele von Pallas stammen, "who we know wrote about the abolition of human sacrifice 'nearly among all people' and who (himself possibly from the Near East) was probably responsible for the Syrian and Carthaginian examples …".[36] In Laodicea wurde, Pallas zufolge, das menschliche Opfer durch ein Stück Wild ersetzt. Dass Hadrian die allgemeine Abschaffung von Menschenopfern durchsetzte, wie Euseb behauptet, kann, Hughes zufolge, nicht erwiesen werden.[37] Jedoch scheinen Menschenopfer in Rom bereits zur Zeit von Cicero und Plinus als barbarisch angesehen worden zu sein. Plinius weist auf ein Dekret des römischen Senats im Jahre 97 hin, das Menschenopfer verbot ("*ne homo immolaretur*").[38] In bestimmten Gebieten des römischen Reichs, und vielleicht sogar in Rom selbst, mögen Menschenopfer jedoch bis in die Spätantike hinein weiter praktiziert worden sein.[39] Manchmal sind sie durch Tieropfer ersetzt worden. So mag auch die Erzählung von der Bindung Isaaks als Ätiologie für Tieropfer im Jerusalemer Tempel gedient haben.[40] Im dritten Jahrhundert, als die Wandmalereien der

---

[35] Hughes, *Sacrifice*, 129–30, wo die Quellen besprochen werden.

[36] Ibid. 130.

[37] Ibid. 129. Euseb, De Laudibus Constantini 100.16.

[38] Plinius, Historia Naturalis 30.3.

[39] Hoffman, *Idea*, 151–2. Kirchenväter von Justin bis Athanasius und Prudentius weisen auf Menschenopfer für Jupiter Latiaris an den sogenannten Feriae Latinae hin, siehe Liddell, "Notes", 245.

[40] Siehe Graf, "Generation", 37–8; Swetnam, "Sacrifice", 27.

Dura Europos Synagoge entstanden, und in frühbyzantinischer Zeit, als die Mosaikfußböden palästinischer Synagogen die Aqedah darstellten, war der Tempel aber zerstört und das Tieropfer im Judentum abgeschafft. Für spätantike Juden muss die Bedeutung der Szene also anderswo gelegen haben.

Im christlichen Kontext wird die Geschichte der Bindung Isaaks bereits im Hebräerbrief als Archetyp für den angeblichen Opfertod und die Auferstehung Christi verwendet (11:17–19). Dabei wird Abraham der Glaube an Gottes Macht, Tote aufzuerwecken, angedichtet. Er war nur deshalb bereit, seinen Sohn zu töten, weil er von seiner Wiedererweckung überzeugt war (11:19). Bekanntlich ist der Auferstehungsglaube in der Torah noch nicht präsent. Es handelt sich hierbei also eindeutig um eine Neudeutung und Aneignung der biblischen Erzählung, um christliche Glaubensinhalte auszudrücken.[41] Im Unterschied zum Tod Jesu durch Kreuzigung stirbt Isaak der biblischen Geschichte zufolge ja gar nicht. Um Isaak als Typos Christi verwenden zu können, mussten die christlichen Interpreten die Themen der Tötung und Auferweckung ins Spiel bringen. In der biblischen Geschichte war eine Auferweckung aber gar nicht notwendig, da Isaak ja am Ende nicht stirbt. In dieser Hinsicht ist auch ein weiterer Aspekt wichtig. Während Isaak in der biblischen Erzäh-

---

[41] Bruce, *Epistle*, 304, behauptet, dass dieser Glaube schon im Bibeltext selbst angedeutet ist, nämlich in Abrahams Ankündigung seiner und seines Sohnes Rückkehr zu den jungen Männern (Gen. 22:5). Diese Rede kann aber auch anders gedeutet werden: (a) Abraham hat sowohl seinem Sohn als auch seinen Begleitern gegenüber seine wahre Absicht verheimlicht; (b) Abraham vermutete bereits Gottes Verhinderung des Menschenopfers und den Ersatz durch ein Tieropfer.

lung nur als Nebenfigur und Objekt erscheint, wird er im Hebräerbrief in seiner Rolle als Typos Christi zur zentralen Figur. Er wird in Hebr. 11:17–20 gleich dreimal erwähnt.

Anklänge an die "Opferung" Isaaks finden sich auch in weiteren neutestamentlichen Texten. In Römer 8:32 erwähnt Paulus denjenigen (Abraham/Gott), der selbst seinen eigenen Sohn nicht ausgespart, sondern "für uns alle" geopfert hat (vgl. Gen. 22:16).[42] Reminiszenzen an die Isaakgeschichte sind hier mit Sühneopfervorstellungen verbunden. An anderer Stelle wird Abraham als "unser aller Vater" bezeichnet (Röm. 4:16) und seine Rechtfertigung aus Glauben hervorgehoben (Röm. 4:1–3). Allerdings dient hier nicht die Bindung Isaaks, sondern die Sohnesverheißung in fortgeschrittenem Alter als Beispiel für seine Glaubensfestigkeit.[43] Im Jakobusbrief wird Abrahams Opferbereitschaft dagegen als Ausdruck seiner Werk-Gerechtigkeit bezeichnet (2:21). Im literarischen Kontext geht es dem Autor darum, zu zeigen, dass Glaube und Werke zusammen gehören, da der Glaube ohne Werke leblos ist (2:17, siehe auch 2:22).[44] Die Tat der Bindung Isaaks wird als direkte Folge seines Glaubens an Gott verstanden. Diese Verbindung zwischen Glaube und Gerechtigkeit klingt an 1 Makkabäer 2:52 an: Abraham glaubte

---

[42] Schoeps, "Sacrifice", 386, meint, dass Paulus als gebildetem Juden die theologische Bedeutung der Bindung Isaaks bekannt gewesen sein muss, die ihm als Model für die Darstellung von Jesu Tod und Auferstehung diente. Er sieht auch Römer 8:32 auf diesem Hintergrund, siehe ibid. 390: "The doctrine that Jesus was 'delivered for our offenses' (…) resembles Abraham's expiating sacrifice as Judaism understood it".

[43] Theissen und von Gemünden, *Römerbrief*, 66.

[44] Siehe dazu auch Klein, *Bewährung*, 290; Garleff, *Identität*, 299–300.

auch in der Versuchung an Gott und es wurde ihm als Rechtschaffenheit angerechnet. Die Bezeichnung Abrahams als "unser Vater" zeigt auch hier wieder, dass sich der Autor des Jakobusbriefs und die sich mit ihm identifizierenden (Juden-)Christen als in der biblischen Tradition stehend verstanden.

Am Anfang des dritten Jahrhunderts war die Christianisierung der Geschichte von der Bindung Isaaks weiter fortgeschritten. Origenes sieht Isaak als einen Prototyp Christi.[45] Er trug das Holz, so wie Jesus sein Kreuz trug. Er überlebte die geplante Opferung, so wie Jesus angeblich von den Toten auferstanden war. Der Widder symbolisiert den Tod Jesu, während Isaak die Auferstehung versinnbildlicht. Überhaupt ist Isaak bei Origenes viel aktiver als im Bibeltext: Er begleitet Abraham und ist zugleich Opfer und Priester seiner eigenen Opferung.[46]

Was allen diesen Traditionen gemeinsam ist, ist die christliche Aneignung der Abraham-Geschichte, um dezidiert christliche Glaubensinhalte zum Ausdruck zu bringen. Dabei wird das biblische Paradigma immer auf Christus und seine Nachfolger bezogen, die sich als die wahren Nachkommen Abrahams verstanden. Hervorgehoben wird Abrahams Glaube (Hebräerbrief, Römerbrief) und die Bindung Isaaks wird als Sühneopfer für alle Menschen bzw. Christen verstanden (Römerbrief). Die Interpretation des Jakobusbriefs steht dabei jüdischen Vorstellungen am nächsten, während die Adaptionen des Römerbriefs und des Hebräerbriefs stark christologisch geprägt sind. Dass das Opfer gar nicht stattfand und Isaak

---

[45] Origenes, In Genesis Homiliae 8 (Migne, Patrologia Graeca 12,203–240).

[46] Siehe dazu van den Brink, "Sacrifice", 147.

im Unterschied zu Jesus gar nicht starb, wird in den christlichen Auslegungen unterschlagen bzw. umgedeutet. Origenes kann Isaak als Typos Christi sehen, weil der Widder ihm als Ersatzopfer dient, während Isaak wie Christus dem Tod durch Gottes Willen entkam. Mit den biblischen Motiven der Versuchung und des Gehorsams Abrahams, die besonders in der jüdischen Auslegung aufgegriffen wurden, konnten die christlichen Ausleger nicht viel anfangen. Dies wird besonders im Römerbrief deutlich: "Der Glaube Abrahams wird dabei gegen alle jüdischen Traditionen nicht in der Bereitschaft gesehen, den eigenen Sohn in den Tod zu geben, sondern darin, dass er an die Verheißung eines Sohnes glaubte".[47] Die biblischen Abraham-Traditionen werden also umgebogen und der christlichen Botschaft dienlich gemacht.

Es ist anzunehmen, dass zumindest die Gebildetsten unter den in der Spätantike lebenden Juden sich der christlichen Inanspruchnahme der biblischen Abrahamtradition bewusst waren.[48] Auch wenn die palästinischen Rabbinen und die Sponsoren der Synagogenkunst nicht das Neue Testament lasen und mit den Details christlicher Theologie vertraut waren, werden sie doch vom Hörensagen gewusst haben, dass Christen Abraham als ihren Vater bezeichneten und die Geschichte von der Bindung Isaaks auf Tod und Auferstehung Jesu Christi bezogen. Diese christliche Aneignung des biblischen Topos bildet also den Hintergrund spätantiker Auslegungstraditionen. Man kann sogar noch einen Schritt weitergehen und sowohl die rabbinischen literarischen Interpretationen als

[47] Theissen und von Gemünden, *Römerbrief*, 66.

[48] Ähnlich Stemberger, *Mose*, 66–68, 105 zur christlichen Vereinnahmung der biblischen Mose-Traditionen, denen die Rabbinen ihre eigenen Interpretationen entgegensetzten.

auch die visuellen Darstellungen auf synagogalen Mosaikfußböden als jüdische Reaktionen auf die christliche Inanspruchnahme der Aqedah sehen. Dabei ging es Juden darum, zu betonen, dass die biblische Geschichte nur im jüdischen Kontext ihre adäquate Bedeutung gewinnen konnte. Literarische und visuelle, christliche und jüdische Auslegungen standen also in einem kreativen Wettbewerb zueinander.

Die Aqedah-Darstellung der Dura Europos Synagoge ist im dritten Jahrhundert entstanden und somit als früheste jüdische Variante dieses Motivs anzusehen. Die Szene ist an einer besonders wichtigen Stelle, nämlich oberhalb des Torahschreins abgebildet, während links davon eine stilisierte Darstellung des Jerusalemer Tempels und daneben die Menorah mit Lulav und Etrog zu sehen sind (Abb. 1). Diese Verbindung mit den wichtigsten jüdischen Symbolen (Tempel, Torah, Menorah)[49] weist bereits auf den besonderen symbolischen Charakter der Darstellung hin.[50] Hachlili ist also zuzustimmen, wenn sie schreibt, dass die Darstellung keinen Text illustriert: "The scene was intended to symbolize rather than accurately describe its written source according to the established tradition".[51] Dies wird auch an der simplen Form und Anordnung der Figuren und Objekte deutlich, die auf einem rechteckigen Raum, der links von der Menorah eingenommen wird,

---

[49] Hachlili, "Menorah", 208, zufolge war die Menorah das wichtigste Tempelutensil. Ihre symbolische Abbildung sollte Juden an den Tempeldienst erinnern: "The purposes that the menorah served were many – a link with ancient rites and worship, a symbol of the Jewish faith, and a visual emblem ever recognizable".

[50] Goodenough, *Symbols,* 1: 231, vermutet, dass die göttliche Erlösung das verbindende Thema ist.

[51] Hachlili, *Mosaic Pavements*, 96.

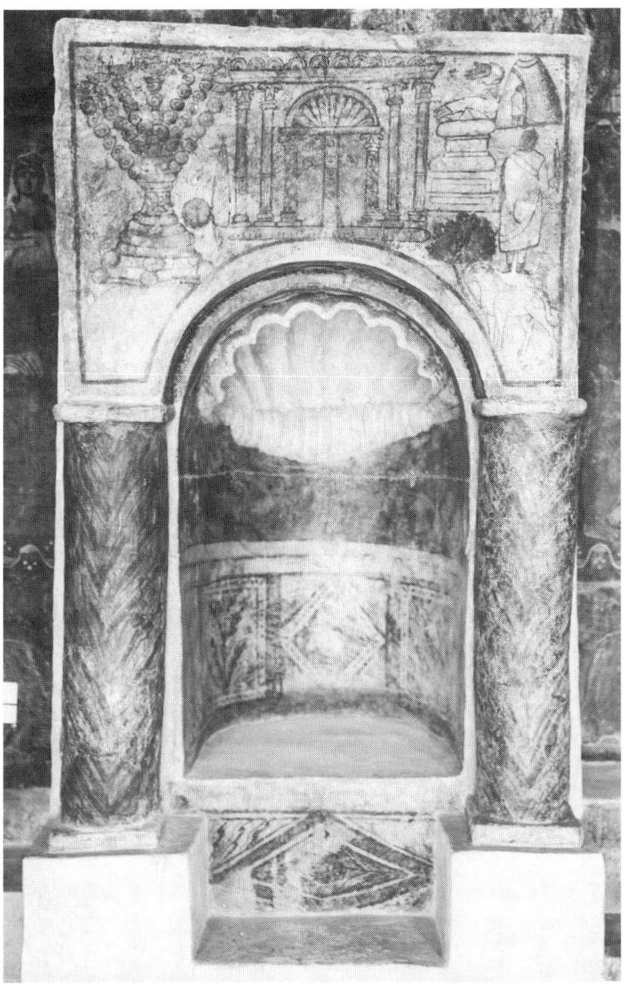

Abb. 1: Der Torahschrein der Dura Europos Synagoge mit der Abbildung der Aqedah in der Wandmalerei (rechts oben). Mit freundlicher Genehmigung der Yale University Art Gallery.

zusammengedrängt sind. Der für die Szene zur Verfügung stehende Raum verlangt, dass die Anordnung eine vertikale ist.

Das Augenmerk fällt zuerst auf Abraham, der in der Mitte rechts mit einem Messer in der Hand von hinten zu sehen ist. Links neben ihm ist ein aufgestülpter Altar abgebildet, auf dem die kleine Figur Isaaks festgeschnürt ist. Die Kleinheit dieser Figur mag ihre untergeordnete Bedeutung im Bildganzen anzeigen oder auf das niedrige Alter (Baby oder Kleinkind) Isaaks hinweisen. Abraham beugt sich nicht über den Altar sondern steht mit erhobenem Messer neben ihm, bereit zur Opferung, aber noch nicht im Begriff diese auszuführen. Unterhalb dieser Hauptszene ist der Widder neben einem Baum abgebildet, oberhalb ein Zelt mit einer Figur[52] und links davon die aus einer Wolke hervorbrechende ausgestreckte Hand Gottes, die Isaak vor der Tötung schützt und Abrahams Handlung Einhalt gebietet. Das Zelt und die Hand Gottes werden im Bibeltext nicht erwähnt, während die beiden jungen Männer, oder zumindest einer von ihnen, fehlen. Nicht der Bibeltext selbst, sondern die mündliche Überlieferungstradition wird also als Quelle der Darstellung gedient haben. Auch visuelle Modelle fehlen, da es sich hier um die früheste Darstellung des Motivs handelt.[53] Was in dieser Darstellung betont wird ist die Opferbereitschaft Abrahams und das schützende Einwirken Gottes. Isaak hat in seiner Kleinheit und gebündelten Hilflosig-

---

[52] Die Identifizierung dieser Figur ist umstritten. Swetnam, *Jesus*, 74, meint darin Isaak als Torahschüler (nach dem gütlichen Ausgang der Bindungsepisode) zu erkennen. Hachlili, *Mosaic Pavement*, 60, weist auf die verschiedenen Interpretationsmöglichkeiten hin: Abraham, Isaak nach seiner Befreiung vom Altar, Ishmael, Sarah.

[53] Siehe auch Hachlili, *Diaspora*, 239.

keit nur untergeordnete Bedeutung. Als Prototyp für Jesu Selbst-Opferung oder Gottes Opferung seines eigenen Sohnes kann diese Szene kaum dienen. Die Darstellung steht also in einem ideologischen Gegensatz oder zumindest in Spannung zur christlichen Auslegung der Geschichte. Dass dieser Gegensatz intendiert war, ist möglich und wahrscheinlich, kann aber nicht mit Sicherheit ausgemacht werden.

James Swetnam hat in seiner Untersuchung der hellenistisch-jüdischen Texte, die die biblische Episode erwähnen, bereits darauf hingewiesen, dass in diesen Texten immer Abraham im Mittelpunkt steht.[54] Abrahams Bewährung in seiner Prüfung durch Gott ist die jeweilige Aussageabsicht dieser Texte.[55] Er erweist sich in seinen Gehorsam gegenüber Gottes Befehl als "rechtschaffen", bzw. wird ihm Rechtschaffenheit als Belohnung zuerkannt (vgl. 1 Makk. 2:52). Im hellenistischen Kontext, als in philosophischen Kreisen Menschenopfer abgelehnt und verurteilt wurden, konnte Abrahams Gehorsam aber auch als primitiver Aberglaube ausgelegt werden.[56] Josephus erwähnt in seiner Nacherzählung der Geschichte die Tat der Bindung Isaaks erst gar nicht (Ant. 1.13.1–4). Was stattdessen betont und weiter ausgeführt wird, ist die Notwendigkeit, Gottes Befehl zu befolgen und alles das zu tun, was Gott anordnet, auch wenn es den eigenen Wünschen widerspricht (Ant. 1.13.2). Josephus legt Abraham eine lange Rede in den Mund, in der er seinen Gehor-

---

[54] Swetnam, *Jesus*, 35.

[55] Swetnam bespricht u.a. Sirach 44:19–21, Judith 8:25–27, und 1 Makkabäer 2:52.

[56] Várhelyi, "Murder", 130, schreibt: "The *immolatio* of humans in a religious context would have been much criticized in circles familiar with Greek philosophy ...".

samsbefehl vor Isaak zu rechtfertigen versucht (Ant. 1.13.3): Gott verlangt von ihm die Tat als Ehrerweis, als Dank für die Güte, die er ihm erwiesen hat. Selbst der bevorstehende Opfertod Isaaks wird in dieser Rede "weißgewaschen", d.h. als bevorzugte Art des Sterbens ausgelegt. Gott wird die Seele Isaaks empfangen und ihn in seiner Nähe platzieren, sodass er als Fürsprecher für Abraham dienen kann (ibid.). In seiner ihm von Josephus angedichteten Antwort erklärt Isaak sich bereit und willig, den Opfertod zu erdulden (Ant. 1.13.4). Er wäre nicht würdig gewesen, geboren zu werden, wenn er seinem Vater diesen Gehorsamserweis verweigert hätte (ibid.). Gott hat das Opfer dann aber verboten, da er nicht nach menschlichem Blut gelüstet (wie es die Götter der Heiden tun). Wieder wird die Prüfung von Abrahams Gehorsamsbereitschaft als Grund für den Befehl betont (ibid.).

Mit dieser kreativen Erweiterung der Erzählung nimmt Josephus mögliche Anstöße seiner gebildeten hellenistischen Leserschaft auf. Hier wird nicht nur Abrahams Handlung legitimiert, sondern auch Isaak eine viel größere und aktivere Rolle zugesprochen als im Bibeltext. Er ist nicht mehr nur das passive und unwissende Objekt von Abrahams Opferplan, sondern wissendes und zustimmendes Subjekt. Deshalb wird auch ihm am Ende ein langes glückliches Leben als göttliche Belohnung zugesprochen (Ant. 1.13.4), während in Genesis 22:16–18 die Belohnung auf Abraham fixiert ist. Außerdem erwähnt Josephus am Ende Sarah, zu der Vater und Sohn nach dem Geschehnis zurückkehren (Ant. 1.13.4). Deshalb könnte mit der in Dura dargestellten Figur im Zelt Sarah gemeint sein, die zuhause auf die Rückkehr ihres Ehemanns und Sohns wartet und sie freudig empfängt.

Man kann annehmen, dass Josephus' Hinweise auf eine mögliche Himmelfahrt von Isaaks Seele und seine Platzierung in der Nähe Gottes im Christentum eine willige Aufnahme gefunden haben. Joseph Sievers sieht diesen Text als Ausdruck von Josephus' Glauben an die Unsterblichkeit der Seele, eine Vorstellung, die in der Hebräischen Bibel mit ihrem ganzheitlichen Verständnis vom Menschen noch nicht zu finden ist.[57] Dieser bereits Abraham zugesprochene Glaube wird verwendet, um seine Opferbereitschaft hellenistischen Lesern verständlich zu machen. Diese Vorstellung mag auch Hebr. 11:19 zugrunde liegen, obwohl dort von einer ganzkörperlichen Auferstehung, nicht von einer Himmelfahrt der Seele, die Rede zu sein scheint. In Hebr. 11:19 dient das himmlische Nachleben Isaaks als Modell für Jesu Opferung und Auferstehung.[58] Sievers sieht auch in 4 Makk. 18:23 einen Hinweis auf die Unsterblichkeit der Seele Isaaks und schreibt: "Thus, ideas about Abraham's belief in resurrection and/or immortality of the soul probably circulated in Josephus's time" .[59]

Die frühesten christlichen Darstellungen der Bindung Isaaks finden sich in Wandmalereien römischer Katakomben und auf Sarkophagen des dritten und vierten Jahrhunderts.[60] Eine der frühesten und rudimentärsten Darstellungen begegnet in den Priscilla Katakomben der Via Salaria in Rom. Im Zentrum der Wandmalerei ist Abraham zu sehen, der mit seiner rechten Hand auf einen

---

[57] Sievers, "Josephus", 25–6.

[58] Zur Darstellung Isaaks im Hebräerbrief siehe Swetnam, *Jesus*, 176–7, der von einem "imperfect foreshadowing" spricht.

[59] Sievers, "Josephus", 26.

[60] Van der Brink, "Sacrifice". Siehe auch den Überblick in Kessler, "Response" .

Strauch zeigt, in dem sich das Horn eines Widders verfangen hat. Vom Betrachter aus gesehen rechts von ihm ist der Altar abgebildet, auf dem das Gesicht Isaaks unter entzündbaren Stöcken zu sehen ist.[61]

In der im dritten Jahrhundert entstandenen Wandmalerei der Callixtus Katakomben sind Abraham und Isaak nach der Erlösung durch Gott abgebildet. Sie erheben ihre Arme gen Himmel, um Gott betend zu danken.[62] Neben ihnen steht der Widder an einem Baum und ganz rechts der (umgestülpte?) Altar. Hier geht es nicht um den Akt der Bindung als Ausdruck von Abrahams Gehorsam gegenüber Gott oder um den Ersatz des Menschenopfers durch ein Tieropfer, sondern um Gottes Einwirken, das Vater und Sohn widerfahren ist und sie vor der Gräueltat schützt. Van der Brink spricht von einem "image-sign", das lediglich auf das Geschehnis hindeutet, während seine Bedeutung vom Betrachter selbst entschlüsselt werden muss.[63] Im Kontext der Katakomben hat die Abbildung wohl die Funktion einer sogenannten *commendatio animae*, eines Totengebets, dass Gott um den Schutz des Verstorbenen bittet.[64]

Auf einem im vierten Jahrhunderts entstandenen Fresko der Via Latina Katakomben (Cubiculum C) wird Abraham mit einem Messer in der Hand zwischen dem Altar und dem knienden Isaak stehend dargestellt. Isaak sind die Hände auf dem Rücken zusammengebunden, wohl

---

[61] Siehe www.akg-images.com/archive/Sacrifice-of-Isaac-2UMDHURR56G1.html (angesehen am 21.3.2018).

[62] Van der Brink, "Sacrifice", 140: Sie sind als "*orantes*, with praying gesture" dargestellt.

[63] Ibid. 140–1.

[64] Ibid. 141.

um seine Stellung als hilfloses Opfer zu betonen.[65] Auf dem Altar scheint bereits das Feuer zu lodern, es ist alles für die Opferung vorbereitet.[66] Links vom Altar steht auch schon der Widder bereit. Da Isaak nicht auf den Altar gebunden, sondern durch die Gestalt Abrahams vom Altar getrennt ist, ist die Szene weniger dramatisch als in Dura Europos. Die Rettung Isaaks scheint hier bereits antizipiert zu sein und steht stärker im Vordergrund. Rechts über den Figuren mag die Einhalt gewährende Hand Gottes abgebildet sein, sie ist aber nicht mehr genau auszumachen. Unterhalb der Szene ist einer der jungen Männer mit einem Esel abgebildet, bereit, Vater und Sohn nach Hause zu bringen.[67]

In fast allen christlichen Katakomben-Darstellungen steht, im Unterschied zu Dura Europos, nicht Abraham und sein Gehorsam in der Ausführung von Gottes Befehl im Mittelpunkt, sondern das schützende Einwirken Gottes. Abraham, Isaak, und ihre Begleiter sind nur Werkzeuge von Gottes Handeln. Was hier betont wird ist die Erlösung durch Gott. Im Bestattungskontext ist wohl an die Erlösung des einzelnen Individuums gedacht. So schreibt auch Edward Kessler: “These examples of artistic

---

[65] Van der Brink, “Sacrifice”, 14 Anm. 7 weist auf eine Analogie in Bet Alpha hin: “... Isaac’s tied hands in Beth Alpha (...) are very peculiar in the Jewish tradition, going back on a rare and rather late text”.

[66] Angeblich ist der brennende Altar ungewöhnlich für christliche Darstellungen. Van der Brink, “Sacrifice”, 141, identifiziert ihn als “a Jewish or pagan altar, not ... a Christian altar, which never has a fire”.

[67] Eine weitere Wandmalerei befindet sich in den Petrus und Marcellinus Katakomben, siehe Kessler, “Response”: Abraham mit einem Messer in seiner Hand, daneben der kniende und gebundene Isaak.

interpretations in catacomb art emphasise the aspect of deliverance, which either parallels, or perhaps even precedes, the early Christian prayer for the dead, which contained a cycle of deliverance".[68]

Findet sich in den spätantiken christlichen Darstellungen bereits die Isaak-Christus Typologie und stehen Kreuzigung und Auferstehung Jesu im Hintergrund, d.h., identifizierten sich die Christen, die die Darstellungen in Auftrag gaben, mit Jesu angeblichem Sieg über den Tod? Van der Brink meint diesen Bezug in den christlichen Sarkophagreliefs des vierten und fünften Jahrhunderts, d.h. nach der Konstantinischen Wende, identifizieren zu können. Ein gutes Beispiel für diesen Zusammenhang ist der Sarkophag des Junius Bassus, der in das Jahr 359 n.u.Z. datiert wird (Abb. 2).[69]

Junius Bassus gehörte zur politischen Elite Roms, er war *praefectus urbi* der Stadt. Auf seinem Sarkophag sind eine Reihe von Szenen des sogenannten Alten und Neuen Testaments abgebildet. In der Mitte der oberen Reihe erscheint Christus (mit Petrus und Paulus) in der römischen *traditio legis* Tradition (Übergabe des Rechts bzw. der Lehre). Die Bindung Isaaks erscheint links oben. Neu ist hier die Darstellung des Engels zur Rechten Abrahams, der ihn von der Tötung seines Sohnes abhält. Die Betonung liegt also auf dem Moment der Errettung. Obwohl die Kreuzigung Jesu hier nicht abgebildet ist, wird die Szene vor Pilatus aus der Passionsgeschichte oben rechts in zwei Szenen dargestellt und damit auf den Kreuzestod

---

[68] Ibid.

[69] Der Sarkophag wird auf folgender Website in einem Video vorgestellt: http://www.thebyzantinelegacy.com/junius-bassus (angesehen am 22.3.2018). Siehe zu diesem Sarkophag auch die Monographien von Gerke, *Sarkophag*, und Malbon, *Iconography*.

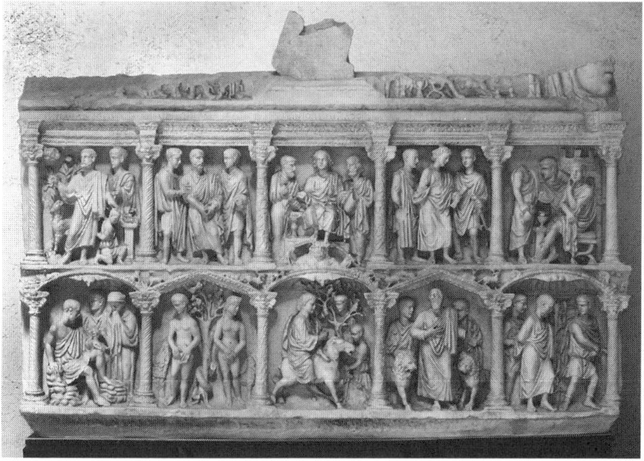

Abb. 2: Sarkophag des Junius Bassus, Museo della Civiltà Romana, Rom.

hingewiesen.[70] Insofern wird ein Zusammenhang zwischen Isaaks "Opferung" und Jesu "Kreuzigung" hergestellt. Van der Brink zufolge hat die christliche Kunst seit Konstantin typologische Bedeutung im Kontext eines triumphalen Christentums: "Abraham's sacrifice prefigures the Crucifixion".[71] Ein Vater ist bereit, seinen Sohn zu opfern, letzterer wird aber am Ende errettet.

Diese Identifizierung Isaaks mit dem gekreuzigten und auferstandenen Christus war bereits literarisch und liturgisch im Christentum verankert. Schon Origenes hat Isaak ausdrücklich mit Christus identifiziert. Gleichzei-

---

[70] Malbon, *Iconography*, 46, die diesen typologischen Zusammenhang literarische bereits in Hebr. 11:17–19 und bei den frühen Kirchenvätern ausgedrückt sieht.

[71] Van der Brink, "Sacrifice", 146.

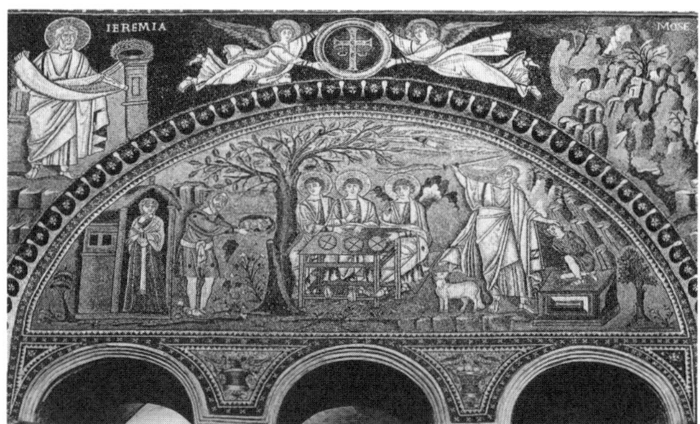

Abb. 3: Die Opferung Isaaks auf dem Wandmosaik der Basilika von San Vitale in Ravenna. Photo: Petar Milošević.

tig identifizierte er auch den Widder mit ihm. Während der Widder den gekreuzigten Jesus symbolisierte, diente Isaak als Symbol für die Errettung und Auferstehung Christi (Homilie zu Genesis 8–9; PG 12.203–240). Wie Abraham hat auch Gott seinen eigenen Sohn dem Tod ausgeliefert, ihn aber am Ende am Leben erhalten (Isaak) bzw. auferweckt (Christus). Genesis 22 war auch von liturgischer Bedeutung und wurde in der Ostermesse rezitiert.[72]

Eine noch spätere christliche Darstellung der "Opferung" Isaaks findet sich im Wandmosaik der Basilika von San Vitale in Ravenna und wird in das sechste Jahrhundert datiert (Abb. 3). Die Szene ist Teil eines Zyklus von Abrahamsdarstellungen in einem halbrunden Bogen. Sa-

---

[72] Speyart van Woerden, "Iconography", 219; van der Brink, "Sacrifice", 146.

rah und Abraham bewirten die drei Engel, die die Geburt Isaaks ankündigen. Die Szene der Gastfreundschaft steht im Zentrum der Darstellung. Rechts davon ist die "Opferung" Isaaks abgebildet. Abraham mit seinem erhobenen Schwert blickt nach oben, zur Erlösung verheißenden Hand Gottes. Seine linke Hand ruht auf dem Haupt Isaaks, der auf dem Altar sitzt. Vor Abraham steht der Widder als Opferersatz. Kessler sieht eine Verbindung zwischen den Abrahamszenen und dem Motiv von Abel und Melchisedek am Opferaltar, das in der Abendmahlsliturgie erscheint.[73] Auch der Raum, in dem die Wandmalerei zu sehen ist, spielt eine Rolle. Anne Skou schreibt: "Die Motive aus dem Alten Testament sind hier bewusst im Altarraum situiert, sowohl als typologische Hinweise auf Christi Opfertod als auch als Reflex des Rituals der Eucharistiefeier an diesem Ort".[74]

In einem Wandmosaik, das sich in der etwa zeitgleichen Basilika des Apollinaris in Classe bei Ravenna (sechstes Jahrhundert) befindet, sind Abel, Abraham und Isaak, und Melchisedek zusammen am Opferaltar abgebildet (Abb. 4). Die Szene soll wohl auf die Eucharistie hinweisen. In der Apsis der Kirche befindet sich ein Kreuz mit dem Gesicht Christi in einem Kreis, umgeben von einem Sternenhimmel. Oberhalb ragt die Hand Gottes aus einer Wolke. Hier sind also ausdrücklich Christus und die Christen die Empfänger des Schutzes und der Erlösung Gottes. Diese Verbindung Abrahams mit Melchisedek und Christus findet sich auch in der Basilika Santa Maria Maggiore in Rom (fünftes Jahrhundert). Auf einem Mosaikbild ist Abrahams und Sarahs Gastfreundschaft

---

73 Kessler, "Sacrifice", 84–5.

74 Skou, "Theologie", 271.

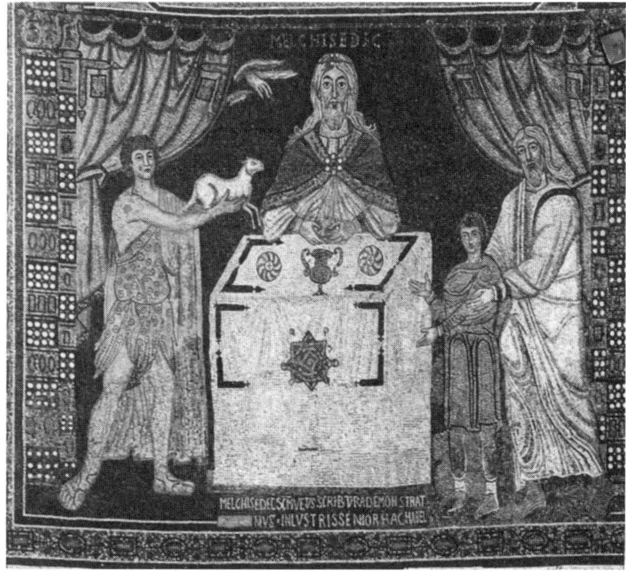

Abb. 4: Abel, Melchisedek, und Abraham am Opferaltar, Basilika des Apollinaris in Classe bei Ravenna. Photo: José Luiz Bernardes Ribeiro.

abgebildet. Auf einem weiteren bietet Melchisedek Abraham Brot und Wein an, während die Figur Christi über ihnen schwebt. Die ausdrückliche Verbindung der Abrahamserzählungen mit christlichen Riten und Glaubensinhalten, die sich in den Wandmosaiken der Basiliken des fünften und sechsten Jahrhunderts befinden, geht über die Katakombenmalereien und Sarkophagreliefs hinaus. Hier geht es nicht mehr nur um die individuelle Erlösung und Auferstehung. Abraham und seine Handlungen sind vielmehr von christlichen Theologen beschlagnahmt und der

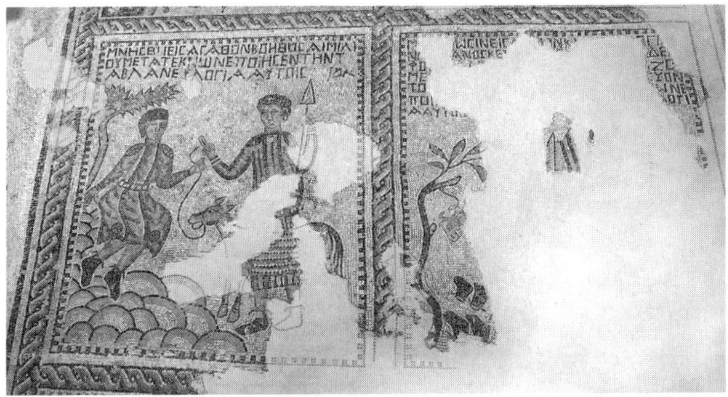

Abb. 5: Die Bindung Isaaks auf dem Fußbodenmosaik der Sepphoris Synagoge. Mit freundlicher Genehmigung von Zeev Weiss. Photo: Gabi Laron.

christologischen Botschaft zunutze gemacht worden. Jüdische Auslegungstraditionen, die in der Wandmalerei von Dura Europos und in hellenistisch-jüdischen Texten zum Ausdruck kommen, werden dadurch negiert und überschattet.

Man kann deshalb vermuten, dass es sowohl in der frühbyzantinischen Synagogenkunst als auch in rabbinischen Midraschim darum ging, den jüdischen Ursprung und die jüdische Bedeutung der Abrahamtradition aufrecht zu erhalten und zum Ausdruck zu bringen. Auf dem Fußbodenmosaik der Synagoge in Sepphoris erscheinen die beiden Abrahamtraditionen des Gastmahls und der Bindung Isaaks unterhalb des Zodiakkreises, in der Nähe des nördlichen Eingangs zur Basilika (Abb. 5).[75] Die Darstellung der Bindung Isaaks ist in zwei Teile geteilt. Links

[75] Die Darstellungen werden in Weiss und Netzer, *Promise*, 30–3, besprochen.

sind die beiden jungen Männer mit dem Esel zu sehen. Der rechte Bildteil ist leider größtenteils zerstört. Man kann nur am linken Rand einen Baum sehen, in dem sich der Kopf des Widders verfangen hat, sowie zwei Paar Schuhe unterhalb des Baums. Hachlili weist auf Ex. 3:5 hin, wo Gott Moses am Fuße des Horeb anweist, seine Schuhe auszuziehen, da es sich um einen heiligen Bereich handele.[76] Die Überlieferungstradition scheint diese Geste auch mit Abraham am Fuße des Bergs, an dem er seinen Sohn zu opfern beabsichtigte, assoziiert zu haben, obwohl sie im biblischen Text nicht erwähnt wird.[77] In der Mitte des Bildes scheint ein Teil von Abrahams Schwert zu sehen zu sein. Eine Hand Gottes, die göttliche Rettung symbolisiert, ist in Sepphoris nicht abgebildet. Hier stand also Abrahams Bereitschaft zur Opferung, und damit sein Gehorsam gegenüber Gott im Vordergrund.[78]

Unterhalb dieser Bilder war Abrahams und Sarahs Bewirtung der Engel, die Isaaks Geburt ankündigten, abgebildet. Diese Darstellung ist aber größtenteils zerstört. Wie wir bereits gesehen haben, sind die Szenen der Gastfreundschaft/Prophezeiung der Geburt Isaaks und seiner "Opferung" auch in christlichen Basiliken miteinander verbunden (z.B. die Basilika von San Vitale in Ravenna; Santa Maria Maggiore in Rom). Im christlichen Kontext

---

[76] Hachlili, *Mosaic Pavements*, 59.

[77] Weiss und Netzer, *Promise*, 31: "In the numerous depictions of the Binding of Isaac in both Jewish and Christian art, Abraham and Isaac often appear barefoot, though their shoes are never placed beside them".

[78] Die erste und besser erhaltene Szene ist mit einer griechischen Stiftungsinschrift versehen, die mit einem hebräischen "Amen" endet, siehe Kessler, *Bound*, 170: "Be remembered for good Boetus (son) of Aemilius with his children. He made this panel. A Blessing upon them. Amen".

weisen beide auf Eucharistie und Erlösung hin.[79] Im *Supra Quae* der eucharistischen Epiklese werden Abel, Abraham und Melchisedek vom vierten Jahrhundert an erwähnt. Im *Supplices* wird Gott aufgefordert, die von den Engeln zum himmlischen Altar gebrachten Gaben in Empfang zu nehmen. Durch das Abendmahl konnten Christen an dem himmlischen "Opfer" teilhaben und Gottes Segen erlangen.[80] Die "Opfer" der Vergangenheit werden als Hinweis auf den Opfertod und die Auferstehung Jesu verstanden und die Engel als Mittlergestalten und Boten Gottes.[81] Abrahams Bewirtung der Engel mit Brot und Wein mag die geglaubte Umwandlung von Brot und Wein durch den Heiligen Geist ankündigen. Im Synagogenkontext war eine solche Interpretation natürlich ausgeschlossen. Hier liegt die Betonung auf Abrahams Gehorsam und seine Belohnung durch Gott.

Auf dem Mosaikfußboden der Synagoge von Bet Alpha sind die beiden Teile der Bindung Isaaks in einem Bild vereint (Abb. 6). Die Darstellung erscheint, ähnlich wie in Sepphoris, unterhalb des Zodiakkreises. Die Szene mit der gastlichen Bewirtung der Engel fehlt allerdings. Obwohl die Identifizierungen der Figuren hier in hebräischen Buchstaben erscheinen, ist das Bild von links nach rechts zu lesen und wohl von einem griechisch-sprechenden Künstler konzipiert.[82] Auch hier sind zunächst links die beiden jungen Männer mit dem Esel abgebildet. Im Zentrum des Bildes steht nicht Abraham, sondern der an einen Strauch festgebundene Widder, darüber ein schwar-

---

[79] Kessler, "Sacrifice", 85.

[80] Siehe dazu McKenna, *Eucharist*, 34.

[81] Zur *epiclesis* und Abendmahlsliturgie im frühen Christentum siehe auch Boyer, *Eucharist*.

[82] Siehe auch van der Brink, "Sacrifice", 143.

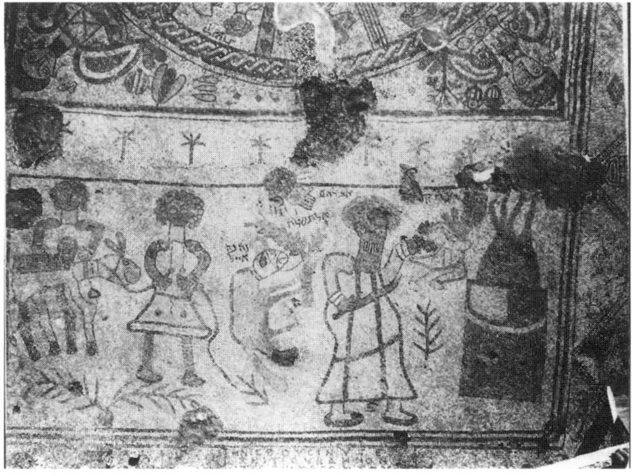

Abb. 6: Die Bindung Isaaks auf dem Mosaikfußboden der Synagoge von Bet Alpha. Mit freundlicher Genehmigung des Center for Jewish Art, Hebräische Universität Jerusalem.

zer Kreis aus dem die Hand Gottes hervorgeht. Links davon steht Abraham mit einem Messer in der rechten Hand, der gebundene Isaak zu seiner linken. Rechts von Isaak findet sich der große opferbereite und vom Feuer lodernde Altar.[83] Im Unterschied zu Dura Europos liegt Isaak hier nicht auf dem Altar. Seine Rettung durch Gottes Einwirken scheint stärker betont zu sein. Fine sieht hier den "redemptive moment" dargestellt, in dem Gott den Widder als Ersatzopfer bestimmt.[84] Stemberger spricht von einer "heilswirkenden Szene, die dem Kult im

[83] Der brennende Altar und die Zusammenbindung der Hände Isaaks erinnern an die Darstellung der christlichen Via Latina Katakomben (siehe oben).

[84] Fine, *Art*, 194.

Tempel Sinn gibt, Israel Sühne schafft, und ihm den Zutritt zur himmlischen Welt erlaubt".[85] Schubert und van der Brink betonen dagegen stärker den Synagogenzusammenhang. Die Darstellung der "Opferung" Isaaks "denotes this place, the Tora-shrine ... as a holy place, as the Temple itself, where the sacrifice was, is, and ever shall be made".[86] In der Spätantike, als die Synagoge den Tempel ersetzte, diente die biblische Geschichte von der "Opferung" Isaaks bzw. des Widders als ein die beiden Institutionen verbindendes Element.

Auch die midraschische Darstellung der Aqedah kann als jüdische Reaktion auf die christliche Inanspruchnahme und Christologisierung der biblischen Tradition angesehen werden. Schon am Anfang der Auslegung in Genesis Rabbah wird betont, dass es sich bei dem biblischen Geschehnis um eine göttliche Prüfung (ניסיון) Abrahams handelte, um seine wahre Größe (גידלון) herauszustellen (Gen. R. 55:1). Nur die Gerechten werden von Gott geprüft (Ps. 11:5: צדיק יבחן), deshalb wurde Abraham dieser Prüfung unterzogen (Gen. R. 55:2). Die Prüfung Abrahams wird als stellvertretend für die Prüfung Israels in seiner Geschichte verstanden, und die Hoffnung geäußert, dass Gott sich letztendlich an den Völkern der Welt rächen wird (cf. Num. 31:2; Gen. R. 55:3). Neusner schreibt dazu: "... the testing of Abraham stands for the trials of Israel, and God's testing of Abraham, hence of Israel, marks Israel in its history as special and holy, just as (...) Abraham was suitable for testing because he was strong and worthy of it".[87]

---

[85] Stemberger, "Darstellungen", 153–4.

[86] Van der Brink, "Sacrifice", 145, mit Bezug auf Schubert, "Holiness".

[87] Neusner, *Genesis Rabbah*, 269.

Im anschließenden Teil des Midrasch wird der Berg Moriah, an dem die Bindung Isaaks stattfinden soll, mit dem Tempel identifiziert, von dem Gottes Lehre, Licht, und Heiligkeit in die Welt hinausscheint und von dem aus Gott die Welt regieren wird (Gen. R. 55:7). Abrahams Vorbereitung des Opferaltars wird als Präfiguration der Errettung Israels im Exodusgeschehen verstanden (Gen. R. 55:8). Für jede Geste Abrahams revanchierte sich Gott mit Heilstaten gegenüber seinem Volk (ibid.). Der dritte Tag, an dem Abraham den Opferplatz sah, wird mit verschiedenen Momenten der Geschichte Israels und letztendlich mit der Auferstehung der Toten und Israels Erlösung verbunden (Hos. 16:2; Gen. R. 56:1). Der nächste Abschnitt mag als konkrete Negierung der christlichen Botschaft verstanden werden:

> "R. Yitzchaq sagte: Wird dieser Ort [d.h. der Tempelberg] jemals fern von seinem Besitzer [d.h. Gott] sein? Niemals, [denn] die Schrift sagt: 'Dies ist meine Ruhestatt für und für; hier will ich wohnen, denn ich habe sie erkoren' (Ps. 132:14). Dann wird derjenige kommen, über den geschrieben steht: 'Demütig ist er und reitet auf einem Esel …' (Sach. 9:9)".

Hier wird ganz klar ausgedrückt, dass Gott sich auch hunderte Jahre nach der Tempelzerstörung, als Jerusalem von Christen beschlagnahmt und in eine christliche Stadt umgewandelt worden war, nicht von seinem Tempelberg entfernt hatte und die biblische Hoffnung auf einen zukünftigen Messias, der in Jerusalem einkehren würde, noch immer intakt war.[88] Die Rabbinen, die diesen Vers aus dem Buch Sachariah mit der "Opferung" Isaaks auf dem mit dem Tempel assoziierten Berg Moriah in Verbin-

[88] Siehe auch Goodenough, *Symbols*, 4: 178: "a statement which seems cryptically to make the Messiah a second Isaac".

dung brachten, waren sich bestimmt der christlichen Vereinnahmung des Verses mit seinem Bezug auf Jesus (vgl. Matt. 21:5; Joh. 12:15) bewusst.[89] Sie widerlegten die Isaak-Christus Typologie, indem sie die biblische Messiashoffnung und ihre Gebundenheit an den Tempel und das Volk Israel aufrecht erhielten. Das Verhältnis Israels zu Gott ist auch nach der Tempelzerstörung intakt, da es auf Gottesdienst (hier mit der rituellen Verbeugung vor Gott [בזכות השתחויה] identifiziert) basiert (Gen. R. 56:2).

Genesis Rabbahs Interpretation der Aqedah-Erzählung enthält weitere Aspekte, die im Kontext des spätantiken Verhältnisses zwischen Juden und Christen von Bedeutung sind. Der Bibelvers, "Und Abraham nahm das Holz des Brandopfers und legte es auf Isaak seinen Sohn" (Gen. 22:6) wird folgendermaßen kommentiert: "Es ist wie jemand, der sein eigenes Kreuz [צלובו] auf seiner Schulter trägt" (Gen. R. 56:3). Die Rabbinen, die diesen Satz formuliert haben, kannten doch bestimmt die christliche typologische Assoziation von Isaak's "Opferung" mit Jesu Kreuzigung.[90] Sollte man also annehmen, dass sie diese Interpretation unterstützten? Es ist wahrscheinli-

---

[89] Siehe auch Kühnel, "Opfer", 75, die der jüdischen Lokalisierung am Berg Moriah im Gegensatz zur christlichen Assoziation mit dem Berg Golgatha große Bedeutung beimisst. Allerdings ist die christliche Assoziation mit Golgatha erst ausdrücklich in Theodosius' Pilgerbericht vom Anfang des 6. Jhs. belegt. Wenn diese Tradition "erst im 5. Jh. feste Konturen gewann" (76), mögen auch die jüdischen (visuellen) Reaktionen auf die christliche Aneignung dieser Zeit angehören. Kühnel sieht die Darstellung auf dem Fußbodenmosaik in Sepphoris als "Widerspruch gegen die Christianisierung Jerusalems und den Transfer der Tempeltraditionen nach Golgatha" an.

[90] Dies vermutet auch Goodenough, *Symbols*, 4: 178: "it seems impossible that there was no relationship". Siehe auch Niehoff,

cher, dass sie bemüht waren, nicht nur die biblische Isaaktradition sondern auch ihre Auslegung ins Judentum zurückzuholen. Stärker als die biblische Geschichte selbst betont der Midrasch Isaaks eigene Leistung, die auch ihm selbst, nicht nur Abraham, von Gott angerechnet wurde.[91] Die Kooperation Abrahams und Isaaks wird auch in der folgenden Auslegung von Gen. 22:6 ("und die beiden gingen zusammen") betont: "Dieser [Abraham] um zu binden und dieser [Isaak] um gebunden zu werden; dieser um zu schlachten und dieser um geschlachtet zu werden" (Gen. R. 56:3). So schreibt Jacob Neusner: "The force … is to show that both parties concurred, that Isaac gained merit from his agreement, as much as Abraham did. Isaac knew just what was going to happen".[92]

Die Kooperation Abrahams und Isaaks wird auch im folgenden Midraschtext (Gen. R. 56:4) betont, der mit demselben Satz (siehe oben) endet. Es handelt sich hierbei um ein fiktives Gespräch Abrahams und Isaaks mit Samuel, der als falscher Prophet und Verführer dargestellt wird, weil er Abraham im letzten Moment von seiner "Dummheit" abhalten will. Abraham wird mit dem Model Hiobs konfrontiert, welches weitere Prüfungen in Aussicht stellt, unter anderem, dass Abraham anschließend als Mörder angesehen werden könnte. Hier mögen zeitgenössische Bedenken gegen die Tat Abrahams aufgenommen worden sein. Oder es geht darum, seinen Gehorsam gegenüber Gott noch mehr zu betonen. Er handelte aller menschlichen Einsicht entgegen und gerade darin zeigte sich seine Größe. Dieses Gespräch ähnelt in Form

"Origen's Commentary", 139–40, die auf eine Analogie bei Origenes hinweist.

[91] Siehe auch Zetterholm, "Isaac", 106.

[92] Neusner, *Genesis Rabbah*, 280.

und Inhalt den Gesprächen, die Hiob mit seinen Freunden führte, die versuchten, ihm gute Ratschläge zu geben. Abraham bleibt aber wie Hiob standhaft. Deshalb wendet sich Samuel nun an Isaak. Wenn er sich schlachten lässt, wird dem angeblich verhassten Ischmael das Erbe zukommen.[93] Abraham wehrt Samuels Einwände ab und bestärkt seinen Sohn in seinem Entschluss, sich mit ihm auf das von Gott geplante Geschehen einzulassen: "Und die beiden gingen zusammen. Dieser [Abraham] um zu binden und jener [Isaak] um gebunden zu werden; dieser um zu schlachten und jener um geschlachtet zu werden" (Gen. R. 56:4).

Dem Moment der Bindung Isaaks auf dem Brandaltar (Gen. 22:9) wird im Midrasch eine besondere Bedeutung gegeben, er wird überhöht: "R. Hinena b. Yitzchaq sagte: Während Abraham seinen Sohn unten [d. h. auf der Erde] festband, hat der Heilige, Gelobt Sei Er, die Führer der Welt oben [d. h. im Himmel] festgehalten [sodass sie Israel nichts Schlechtes antun konnten" (Gen. R. 56:5). Die Bindung Isaaks hatte also eine potentiell heilsgeschichtliche Bedeutung, auch wenn diese immer nur temporär in Erscheinung tritt und an Torahobservanz gebunden ist. Der Gehorsam, den Abraham und Isaak in der gemeinsamen Tat der Bindung Isaaks Gott erweisen, führt zu Gottes Schutz des gesamten Volkes in seiner Geschichte. Diese Ausweitung der Bedeutung der Aqedah von einem einmaligen Ereignis der biblischen Vergangenheit zu einem das Verhältnis Gottes und seines Volkes Israel fortwährend bestimmenden Merkmal begegnet auch in dem R.

---

[93] Carol Bakhos zufolge finden sich Anspielungen auf den gegenseitigen Hass der Brüder Isaak und Ischmael verstärkt in späteren Midrashim, siehe eadem, *Ishmael*, 89.

Eliezer zugeschriebenen Satz: "[Der Engel, cf. Gen. 22:11, sprach] zu ihm [Abraham] und zu den [kommenden] Generationen. Es gibt keine Generation, in der nicht jemand wie Abraham ist ...", dessen Gehorsam ihm von Gott stellvertretend für alle Juden angerechnet wird und Israel Schutz gewährt.

Das Widderhorn (*schofar*), welches am Neujahrstag geblasen wird, wird zum Symbol der Erlösung des Einzelnen sowie des gesamten Volkes. Verschiedenen Rabbinen wird ein und dieselbe Auslegung in den Mund gelegt: "R. Judan sagte: Nach all den Geschehnissen wird Israel von Überschreitungen ergriffen und von Betrübnissen verfangen sein, aber am Ende werden sie durch die Hörner des Widders erlöst werden: 'Und Gott der Herr wird das Widderhorn (*schofar*) blasen ...' [Sach. 9:14)" (Gen. R. 56:9). Die Verfangenheit in Leid wird konkret als Abfolge verschiedener Fremdherrschaften von Babylonien bis Rom bezeichnet (ibid. "R. Abba b. R. Pappi, R. Jehoschua of Sikhnin im Namen R. Levis"). Damit wird die Aqedah ganz konkret auf die politische Situation der römisch-byzantinischen Fremdherrschaft in der Spätantike bezogen und die Hoffnung auf eine zukünftige Erlösung durch Gott zum Ausdruck gebracht. Der Widder dient als Ersatzopfer für Isaak und wird mit den Tieropfern (insbesondere Lämmern) im Tempel assoziiert, die als Sühneopfer dienten [ibid. Gen. R. 56:9). In einem R. Bibi dem Älteren im Namen R. Jochanans in den Mund gelegten Ausspruch wird der Gegenwartsbezug ganz konkret ausgedrückt: "[Abraham sagte:] Ich habe mein Erbarmen [mit meinem Sohn] unterdrückt, um Deinen Willen auszuführen. Mag es immer Dein Wille sein, Gott unser Herr, zu einer Zeit wenn die Nachkommen Isaaks in Bedrängnis kommen, dass Du Dich für sie an die Bindung

[Isaaks] erinnerst und mit Erbarmen für sie erfüllt wirst" (Gen. R. 56:10).

Am Ende der Midraschauslegung von Genesis 22 wird der Bezug zu Jerusalem und zum Tempel hergestellt. Der Ort, an dem die Bindung Isaaks und die Opferung des Widders stattfanden, wird mit Jerusalem (*yireh schalem*) identifiziert (Gen. R. 56:10).[94] Die Rabbinen, die diesen Text formulierten, waren sich der gegenwärtigen Zerstörung des Tempels bewusst, hofften aber auf einen Wiederaufbau in messianischer Zeit: "… wie heute gesagt wird: 'auf dem Berg [Gottes]', siehe, [dies bezieht sich auf seine] Zerstörung, wie gesagt ist, 'über den Berg Zion, der wüst liegt' [Klagelieder 5:18]. 'Gott wird sehen' [Gen. 22:14], [bezieht sich auf den] in Zukunft wiederaufgebauten und wiedererrichteten [Tempel], wie gesagt wird: 'wenn der Herr Zion wieder gebaut, und sich gezeigt hat in seiner Herrlichkeit' [Ps. 102:17]" (ibid.). Damit wird die christliche Vereinnahmung Jerusalems im vierten und fünften Jahrhundert, als Kirchen gebaut und christliche Pilger die Stadt bevölkerten, als zeitlich begrenzte Aufhebung der eigentlichen Bedeutung Jerusalems als Stadt des jüdischen Gottes und seines Tempels dargestellt. Die Hoffnung auf die letztendliche Wiederherstellung des Tempels wird mit der messianischen Zeit (לעתיד לבוא) assoziiert.[95]

In den jüdischen und christlichen Bildern und Texten der Spätantike stehen sich also ganz unterschiedliche Dar-

[94] Dabei handelt es sich um ein Wortspiel. In Gen. 22:14 wird der Berg יהוה יראה genannt, "Gott wird sehen". יראה שלם heisst übersetzt: "Er wird Frieden sehen". שלם kann sich aber auch auf Isaaks Unversehrtheit am Ausgang der Aqedah beziehen.

[95] Zu weiteren rabbinischen Bezugnahmen auf die Aqedah siehe Goodenough, *Symbols*, 4: 173–84; Spiegel, "Legend"; idem, *Trial*; van Bekkum, "Aqedah"; Swetnam, *Jesus*, 67–71.

stellungen und Auslegungen der biblischen Geschichte von der Bindung Isaaks gegenüber. Im Christentum wird zunehmend die christologische Bedeutung der Episode betont. Isaak wird zum Typos Christi, der das Entkommen von einem grausamen Tod durch göttliches Einwirken veranschaulicht. In Basilikamalereien des fünften und sechsten Jahrhunderts wird durch die Verbindung Abrahams und Isaaks mit Melchisedek auf die Eucharistie, einen christlichen Gemeinderitus, angespielt. Hier ist die biblische Szene vollkommen vom byzantinischen Christentum vereinnahmt und christlichen Glaubensinhalten und Praktiken untergeordnet worden.

Die jüdischen Darstellungen halten dagegen die Bedeutung der Abrahamsgeschichte im Judentum aufrecht und bieten einen alternativen Verstehenshorizont an. Auf den Mosaikfußböden der Synagogen wird Abrahams Akt des Gehorsams gegenüber Gott betont. Der Widder verbindet die Szene mit den Tieropfern im Tempel. Sein Horn (*schofar*) hat am Neujahrsfest rituelle Relevanz.[96] In dem wohl im fünften Jahrhundert redigierten Midrasch Genesis Rabbah wird Isaaks eigene "Leistung" stärker herausgestellt. Er willigte in die "Opferung" ein und partizipierte in Abrahams Gehorsamstat, ein Verhalten, das ihm zusammen mit Abraham als "Verdienst" angerechnet wird. Der Midrasch geht aber noch viel weiter in seiner Ausweitung der Bedeutung der Episode. Abrahams und Isaaks Gehorsamserweis erhält hier eine heilsgeschichtliche Bedeutung. Ihm entspricht Gottes beschützendes Handeln gegenüber seinem Volk Israel, sowohl in der Geschichte als auch in der Gegenwart und Zukunft. Trotz der gegenwär-

[96] Goodenough, *Symbols*, 1: 231 und 4: 173–4, übertreibt allerdings die Rolle des Schofars.

tigen Fremdherrschaft und der Umwandlung Jerusalems in eine christliche Stadt wird die messianische Zukunft eine radikale Änderung herbeiführen. Die eigentliche Bedeutung Jerusalems als Sitz des jüdischen Gottes wird wiederhergestellt.

Es stehen sich in der spätantiken Auslegungstradition der Aqedah also zwei gegensätzliche aber auch verbundene Stränge gegenüber: die christliche Assoziation mit der als bereits geschehen geglaubten Kreuzigung und Auferstehung Christi, die in der Eucharistie rituell erinnert wurde und die Identität christlicher Gemeinden begründete; und die jüdische Verbindung der Geschichte mit Torahgehorsam, göttlichem Schutz Israels, und zukünftiger messianischer Hoffnung, die sich auf Jerusalem und den wiedererbauten Tempel bezieht. Beiden Strängen gemeinsam ist ein heilsgeschichtliches und messianisches Verständnis, welches die biblische Tradition mit neuen, für die jeweils eigene Gruppe wichtigen theologischen Glaubensinhalten verknüpft.

Wie verhalten sich Bild und Text zueinander? Ist anzunehmen, dass diejenigen, die die synagogalen Mosaikfußböden von Sepphoris und Bet Alpha in Auftrag gaben, die rabbinische Auslegung im Midrasch Genesis Rabbah kannten und diese Kenntnis auch bei den Besuchern der Synagoge voraussetzten? Zunächst ist zu betonen, dass die Mosaikdarstellungen nicht als direkte visuelle Abbildungen des Bibeltextes oder des Midraschtextes anzusehen sind. Vielmehr sind Bild und Text unabhängige Auslegungen der biblischen Tradition, die wohl auf Vorstellungen basierten, die im spätantiken Judentum kursierten und möglicherweise in mündlichen Bibelauslegungen (in Synagogenpredigten?) zum Ausdruck gebracht wurden.

Marc Bregman hat betont, dass auch der Midrasch visuelle Elemente enthält, die beim Leser, bzw. Hörer bestimmte Vorstellungen hervorrufen sollten. Er schreibt: "By this I mean to suggest a particular way of seeing midrash as a kind of visualizing with the 'mind's eye' what might be suggested by scripture, even by the most subtle verbal stimuli in the biblical text".[97] Edward Kessler stimmt mit Bregman darin überein, dass die textzentrierte Auslegungstradition der Vergangenheit visuelle Aspekte, die sowohl beim Betrachten von Bildern als auch beim Hören von Vorlesungen und Vorträgen in der Vorstellung des Hörers und Betrachters hervorgerufen werden, zu wenig berücksichtigt hat.[98] Er geht aber einen Schritt weiter und betont, dass die bildlichen Darstellungen nicht auf dem Hintergrund des Midrasch sondern unabhängig von ihm verstanden werden müssen: "... artistic interpretation must be taken seriously in its own right. Although artistic representation is bound to the biblical text, it has developed its own rules of interpretation".[99]

Kessler weist auf wichtige Unterschiede zwischen den Synagogenmosaiken und dem rabbinischen Midrasch hin. Während Genesis Rabbah Isaaks Einwilligung in die geplante Opferung und somit seinen eigenen Verdienst betont, wird er in Dura und Bet Alpha als kleines Kind dargestellt, das als Bündel auf dem Opferaltar liegt (Dura), bzw. mit zusammengebundenen Händen passiv auf die Opferung vorbereitet wird. In Sepphoris sind die ausgezogenen Schuhe Abrahams und Isaaks zu sehen, die auf einen speziellen Ritus beim Betreten eines heiligen Ortes

97 Bregman, "Aqedah".
98 Kessler, "Response".
99 Ibid.

hinweisen; in Genesis Rabbah wird dagegen nicht auf ein Ausziehen der Schuhe hingewiesen.[100] Dies führt Kessler zu der Schlussfolgerung, dass die bildlichen Darstellungen nicht vom rabbinischen Midrasch abhängig sondern näher an der biblischen Geschichte selbst verhaftet sind, in der Abraham im Mittelpunkt steht und das Kind Isaak passives Mittel für Abrahams Gehorsamserweis bleibt.[101] Aber auch die bildlichen Darstellungen sind keine einfachen Illustrationen des Bibeltextes. Hier wird die Rolle des Widders stärker betont und damit eine Verbindung zum Opferdienst im Tempel hergestellt. Das Widderhorn weist außerdem auf das Neujahrsfest hin.

Der Midrasch basiert auf einer Kombination verschiedener wohl meist mündlich zirkulierender Traditionen der amoräischen Zeit, die erst im fünften Jahrhundert überarbeitet und zu zusammenhängenden Einheiten verbunden worden sind. Ob und inwieweit Einzeltraditionen oder größere Zusammenhänge den jüdischen Zeitgenossen der Amoräer bekannt waren, ist ungewiss. Rabbinen und Rabbinenschüler, die Synagogen betraten auf deren Mosaikfußböden die Aqedah abgebildet war, werden sie ihrer eigenen Anschauung gemäß verstanden haben. Der Midrasch bietet also höchstens einen Verstehenshintergrund für die *rabbinische* Rezeption der Synagogenkunst.

---

[100] Kessler zufolge wird in dem Vergleich Abrahams mit Mose in Gen. R. 55:6 ausdrücklich gesagt, dass Abraham Mose überlegen war, weil er – im Unterschied zu Mose – am Berg Moriah seine Schuhe nicht ausziehen musste. Ich konnte diesen Text in Genesis Rabbah nicht lokalisieren.

[101] Das Ausziehen der Schuhe hat allerdings keine Analogie im Bibeltext. Fine, *Art*, 194, meint, dass die Darstellung als Hinweis an die Besucher der Synagoge dienen konnte, ihre Schuhe beim Betreten des heiligen Ortes auszuziehen.

Die Bedeutung der Aqedah-Darstellungen wird vom jeweiligen sozialen, religiösen, und persönlichen Hintergrund der Betrachter, vom räumlichen und liturgischen Kontext, in dem die Bilder erschienen, und vielleicht auch von der jeweiligen Jahreszeit abhängig gewesen sein.[102] Die Bedeutung des Betrachters für die Interpretationen von Bildern ist bereits von Paul Zanker und Björn C. Ewald im Hinblick auf römische Sarkophagreliefs betont worden.[103] In seinem Buch zur Bedeutung der Kunst im Leben römischer Normalbürger schlägt John R. Clarke vor, sich auf den Kontext und andere allgemeinere Aspekte von Bildern zu konzentrieren, statt Details auf dem Hintergrund literarischer Texte zu interpretieren, mit denen wenige Betrachter vertraut gewesen sein werden: "Rather than ask what the meaning of each of these components might be … I want to ask what the Ara Pacis as a whole might have communicated to ordinary viewers. To answer this question, we must step back from the details and look at the altar's place among the monuments of Augustan Rome."[104]

Wenn man von dieser Perspektive aus die synagogalen Aqedah-Darstellungen betrachtet, ist anzunehmen, dass dem jüdischen Betrachter bewusst war, dass es sich hierbei um eine in der Torah vorkommende Geschichte handelt, die gerade durch ihre Skandalosität und Schockkraft hervorsticht: ein Vater, der bereit ist, seinen eigenen Sohn zu töten und ein Menschenopfer darzubringen; ein Gott,

---

[102] Fine, *Art*, 189, meint, dass die Aqedah-Darstellung am Neujahrsfest eine besondere Bedeutung gehabt haben könnte: "Themes of the shofar, the binding of Iaac; and the sun, moon, and zodiac are among the building blocks for Yannai's Rosh Hashanah liturgy".

[103] Zanker und Ewald, *Myths*, 8.

[104] Clarke, *Art*, 22.

der so eine Tat befohlen hat, sie aber im letzten Moment verhindert.[105] Diese Ungeheuerlichkeit klingt auch in Genesis Rabbah an, wo Abraham darauf hingewiesen wird, dass er anschließend als Mörder in Verruch geraten könnte. Die Tötung fand aber, im Unterschied zu paganen Menschenopfern und der Kreuzigung Jesu, am Ende nicht statt, sondern wurde von Gott abgewendet. Besonders im Kontext der spätantiken Synagoge, die als heiliger Ort und Ersatz für den Tempel angesehen wurde, wird den Betrachtern die religiöse, heilsgeschichtliche, und rituelle Bedeutung der Darstellung bewusst gewesen sein. Die Aqedah-Darstellung erweckte Assoziationen an den Jerusalemer Tempel und an das Widderhorn *(schofar)* an Rosch Haschanah. Die Erzählung ermahnte zu Gehorsam gegenüber Gott in Form von Torahobservanz.

Den Rabbinen und einigen weiteren Betrachtern wird auch die christliche Vereinnahmung und christologische Interpretation der Tradition bewusst gewesen sein. Wie Peter Schäfer betont hat: "... not only the emerging Christianity drew on contemporary Judaism but ... rabbinic Judaism, too, tapped into ideas and concepts of Christianity to shape its own identity".[106] Genesis Rabbahs Bezug auf Isaaks Tragen eines Kreuzes und auf den Messias, der auf einem Esel reiten wird, scheinen direkte Bezugnahmen auf die christliche Darstellung Jesu zu sein, die von den Rabbinen re-judaisiert wurden. Rabbinische Betrachter werden der Überzeugung gewesen sein, dass die Aqedah ihren richtigen Ort in Synagogen hat, wo sie symbo-

---

[105] Delaney, *Abraham*, 18, weist auf die traditionelle Assoziierung des Vaters als lebengebende aber auch über Leben und Tod des Kindes bestimmende Macht hin. Insofern ist die Aqedah-Erzählung auch Ausdruck der Autorität des Vaters bzw. Vatergottes.

[106] Schäfer, *Jewish Jesus*, 1.

lisch Gottes heilswirkendes Handeln für sein Volk Israel ausdrückt und die zukünftige messianische Hoffnung auf die Wiederherstellung Jerusalems und des Tempels aufrecht erhält. Anspielungen auf die Aqedah in Gebeten und Torahlesungen werden das Verstehen der Hörer in bestimmte Richtungen gelenkt haben.[107] Ob und inwieweit die Betrachter einen Zusammenhang zwischen den einzelnen Bildern der Mosaikfußböden herstellten, wird in Kapitel 5 untersucht.

Im Islam kam es dann zu einer weiteren Aneignung und Bezugnahme der Aqedah-Erzählung auf eigene Glaubensinhalte und Gruppenidentität. Es handelt sich bei der Geschichte um eine kreative Paraphrase, die der sogenannten "rewritten Bible", die zum Beispiel im Jubiläenbuch und bei Philon von Alexandrien zu finden ist, ähnelt. Verschiedene postbiblische Traditionen und Interpretationen werden dieser Paraphrase zugrunde liegen. Im Koran (37: 100–109) ist nur von einem "Sohn" die Rede. Isaak wird nicht namentlich genannt, und die Handlung wird auch nicht direkt auf Ischmael bezogen. Abraham erscheint die Vorstellung von der Opferung seines Sohnes zunächst im Traum. Am nächsten Morgen fragt er seinen Sohn, der angeblich zu dem Zeitpunkt alt genug war, um mit ihm zu arbeiten, was er dazu meint (37:102). Isaak antwortet: "Oh mein Vater, tu, wie dir befohlen; du sollst mich, so Allah will, standhaft finden" (ibid.).[108] Isaaks Einwilligung in die Opferung wird hier also ausdrücklich betont.

[107] Fine, *Art*, 189, betont die Bedeutung der Liturgie für das Verständnis der Mosaikfußböden. Die Kunst war "organized so as to complement and give visual expression to the Biblically infused prayers, Scriptural reading, and homiletics of the synagogue".

[108] Übersetzung: http://www.koran-auf-deutsch.de, angesehen am 6.7.18.

Dies erinnert an Gen. R. 56:3, wo die "Opferung" gleichfalls als gemeinsamer Gehorsamsbeweis von Vater und Sohn dargestellt wird (siehe oben). Anders als im Christentum, wo Isaaks Gehorsam direkt auf Jesus bezogen wird, bleibt der Sohn im Koran aber unbenannt.[109] Die weitere Fokussierung liegt eindeutig auf Abraham selbst. Statt die biblische Tradition der "Bindung" Isaaks weiterzuführen, ist die Körpersprache im Koran eine andere: Abraham legt seinen Sohn "mit der Stirn gegen den Boden" (37:103), eine Gestik, die die Proskinese nachahmt und der muslimischen Gebetshaltung zu entsprechen scheint.[110] Nur Abraham wird anschließend für seine bestandene Prüfung gelobt (37:104–110).

Jon Levinson vermutet, dass der Koran sich mit der Anonymisierung des Sohnes und der Hervorhebung Abrahams von Judentum und Christentum abgrenzt.[111] Im Judentum wurde Abraham als alleiniger Erbe des Bundes mit Gott verstanden, während Christen Isaak typologisch auf Jesus bezogen und sich als die wahren Nachfolger der Verheißung sahen. Im Islam wurde Abraham vielmehr als Präfiguration des Propheten Muhammad gesehen: "his obedience in what Jews call the Aqedah is one example among several of his submission to God (the meaning of Arabic *islām*, which names a spiritual act and not merely a religion)".[112] Die Betonung auf Abrahams Prüfung und Gehorsam findet sich aber auch bereits im rabbinischen

---

[109] Levenson, *Abraham*, 105, weist auf die verschiedenen Auslegungstraditionen im frühen Islam hin, die den Sohn entweder auf Isaak oder auf Ischmael beziehen.

[110] Siehe dazu Goitein, *Studies*, 80.

[111] Ibid.

[112] Ibid.

Midrasch, wie Carol Bakhos betont hat.[113] Spätere Kommentatoren identifizierten den "Sohn" mit Ischmael. An den Gehorsamsbeweis Abrahams und Ischmaels erinnert man sich im Eid-al-Adha Fest ("Fest der Opferung"), dass mit einer Pilgerfahrt nach Mekka verbunden ist.[114] So sieht Angelika Neuwirth Abraham als Gründer der mit Mekka verbundenen Riten an. Das Bild von "Abraham as the personification of the Meccan origins, the forerunner of the prophet, and the prototype of the Muslims" entstand in der andauernden Kontroverse mit Judentum und Christentum, die die Aqedah bekanntlich auf den Tempel in Jerusalem, sowie die Synagoge und Kirche bezogen.[115]

---

[113] Bakhos, *Family*, 193, wo sie Gen. R. 50:2 zitiert.

[114] Ibid. 206.

[115] Neuwirth, "House", 503. Siehe auch eadem, "Wissenstransfer", wo sie zeigt, wie wichtig die Rezeption der Geschichte von Abrahams "Opfer" in der weiteren islamischen Tradition war. Die Auseinandersetzung mit biblischen Figuren, die auch im Judentum und Christentum rezipiert wurden, weist auf die "aktive Rolle" des Islam "in der Debattenlandschaft der Spätantike" hin (169). Es kommt zur "Arabisierung des biblischen Weltbildes" (193).

3. Die Aufnahme griechischer Mythologie: Leda und der Schwan – Maria und die Taube

In der jüdischen und christlichen Kunst der früh-byzantinischen Zeit sind nicht nur biblische Szenen abgebildet, sondern es finden sich auch Darstellungen, die eindeutig der griechischen Mythologie entlehnt sind – Orpheus mit seiner Harfe, Leda und der Schwan, eine Prozession zu Ehren des Dionysos, der Nilgott und die Amazonen, sowie Jagdszenen – um nur ein paar Beispiele zu nennen. Diese Darstellungen begegnen in öffentlichen und privaten Kontexten, auf Mosaikfußböden, Sarkophagen, Wandmalereien, und Objekten. Sie werfen viele Fragen auf, die alle letztendlich das Verhältnis spätantiker Juden und Christen zur paganen Kultur betreffen.

In der Vergangenheit wurde oft angenommen, dass jüdische und christliche Identität nur durch Abgrenzung von der paganen Umwelt aufrechterhalten werden konnte. So schreibt Louis Feldman schon im Hinblick auf das erste Jahrhundert und den jüdischen Aufstand gegen Rom: "The very fact that tension, and even open conflict, between Jews and non-Jews was a major causative factor in the war with the Romans (…) would indicate that opposition to non-Jewish culture … was crucial to preservation of Jewish identity".[1] Heutzutage wird dagegen der griechisch-römische Kontext, in dem Juden und Christen lebten, als Nährboden für die Entwicklung von Judentum

[1] Feldman, *Jew*, 45.

und Christentum sowohl im ersten Jahrhundert als auch in der Spätantike angesehen.[2]

Im Judentum erscheinen pagane Motive seit der biblischen Zeit zum ersten Mal wieder in der palästinisch-jüdischen Kunst des dritten bis fünften Jahrhunderts.[3] Einige Sarkophage der Katakomben von Bet She'arim weisen Abbildungen auf, die der paganen Mythologie zu entstammen scheinen.[4] Das wohl auffälligste Beispiel für ein mythologisches Sarkophagrelief im jüdischen Kontext ist die Abbildung Ledas, die Sex mit Zeus (= Jupiter) in Gestalt eines Schwans hat. Diese Abbildung befindet sich auf der kürzeren Seite eines Sarkophags, der teilweise beschädigt an der Katakombe 11 aufgefunden wurde (Abb. 7).[5] Eine ebenfalls mit einem mythologischen Motiv versehene lange Seite ist nur fragmentarisch erhalten. Avi-Yonah meint darin eine Szene aus der Homerischen Sage von Achilles zu erkennen, der aufgefordert wurde, zwischen einem langen unbekannten und einem kurzen heldenhaften Leben, das zu ewiger Berühmtheit führen würde, zu

---

[2] Zum Einfluss des Hellenismus auf das Judentum und frühe Christentum siehe Hengel, *Judentum*. Zum Verhältnis des rabbinischen Judentums der Spätantike zur griechisch-römischen Kultur siehe Schäfer, ed., *Talmud Yerushalmi*. Zu Paganismus und Christentum siehe Fox, *Pagans*; Momigliano, *Pagans*. Siehe auch die Beiträge in Salzman et al., eds, *Pagans*.

[3] Levine, "Development", zeigt dass in biblischer Zeit (12.–4. Jh. v.u.Z.) durchaus pagane figurative Motive wie die Aschera in der materiellen Kultur der Israeliten erscheinen. In hellenistischer Zeit kam es dagegen zu einer Unterbrechung, die erst in der Spätantike aufgehoben wurde.

[4] Siehe den Ausgrabungsbericht von Mazar, *Beth She'arim*.

[5] Siehe Abbildung 27 in Fine, *Art*, 87. Siehe dazu auch Avi-Yonah, *Art*, 257–69, Abb. 38.1. Der Sarkophag befindet sich im Rockefeller Museum in Jerusalem (no. 41.525).

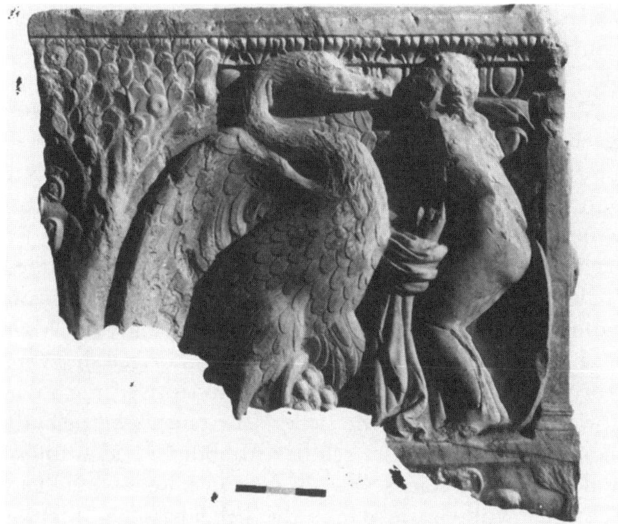

Abb. 7: Leda und der Schwan auf einem Sarkophag der Katakombe 11, Bet She'arim. Mit freundlicher Genehmigung des Center for Jewish Art, Hebräische Universität Jerusalem.

wählen.[6] Die Szene zeigt Achilles bei den Töchtern, d. h. im *gynaeceum*, des Königs Lykomedes auf Skythos, wo er sich aufhielt, um der Rekrutierung in die griechische Armee zu entkommen. Odysseus war geschickt worden, um ihn dort abzuholen.[7] Den Kuratoren zufolge handelt es

---

[6] Avi-Yonah, *Art*, 264. Diese Identifizierung basiert auf einem Vergleich mit dem sogenannten Borghese Sarkophag, siehe ibid. Abb. 40.1 und 40.2.

[7] Zur Achilles-Sage siehe Schwartz,"Homer", 36. Achilles ist manchmal auch (teilweise) in Frauenkleidern abgebildet. Zu einer weiteren Sarkophag-Darstellung der Szene siehe Zanker und Ewald, *Myths*, 285–7.

sich hierbei um einen Sarkophag, der am Ende des zweiten Jahrhunderts hergestellt und später von Juden in Bet She'arim verwendet wurde.[8]

Michael Avi-Yonah spielt die Bedeutung der mythologischen Szenen herunter: "At that period Jews did not regard the mythological subjects as pagan cult objects, but only as literary or artistic expressions of 'modern' culture, which they were unwilling to leave to the 'gentiles'".[9] Er rechnet mit der Möglichkeit, dass der Sarkophag so aufgestellt war, dass die Seite mit Leda und dem Schwan von Besuchern der Grabstätte gar nicht zu sehen war.[10] Man mag allerdings fragen, warum die Angehörigen des Verstorbenen diesen mit mythologischen Motiven reich dekorierten Sarkophag, der sicher sehr teuer war, gekauft haben, und warum die Achilles-Abbildung bedeutungsvoller gewesen sein sollte als diejenige Ledas mit dem Schwan. Wollten sie damit die hellenistische Bildung (*paideia*) des Verstorbenen und seiner Familie ausdrücken? Sicher war den Angehörigen doch der mythologische Hintergrund der dargestellten Szenen bekannt. Wahrscheinlich ist auch, dass diese Szenen für sie im Bestattungskontext bedeutungsvoll waren.

In dem Seitenrelief steht der Schwan, der Leda in seiner Größe entspricht, ihr in Augenhöhe gegenüber. Das Motiv basiert auf einer griechischen Sage, derzufolge Zeus sich in einen Schwan verwandelte, um Leda, die Tochter des Königs Thestius und Frau des spartanischen Königs Tyndareus, zu verführen.[11] Da sie am selben Tag auch

---

[8] So die Datierung des Rockefeller Museums, siehe Avi-Yonah, *Art*, 266.

[9] Ibid. 268.

[10] Ibid. 269.

[11] Siehe dazu Hard, *Handbook*, 439; Apollodorus 3.10.7.

sexuellen Verkehr mit ihrem Ehemann hatte und aus den Vereinigungen mehrere Kinder hervorgingen (u.a. Helena), war unklar, welche der Kinder rein menschlicher und welche halb-göttlicher Abstammung waren. Die Erzählung ist also eine Art von Ätiologie für die Möglichkeit göttlicher Abstammung besonders schöner und begabter Menschen.

Das Motiv begegnet seit dem fünften Jahrhundert v.u.Z. häufig und in verschiedenen Versionen in der griechisch-römischen Kunst. Dem Sarkophagrelief in Bet She'arim besonders ähnlich ist ein Relief aus Sevilla in Spanien, das in den Zeitraum zwischen dem ersten Jahrhundert vor und dem dritten Jahrhundert nach unserer Zeit datiert wird und dessen ursprünglicher Kontext unbekannt ist (Abb. 8). Während auf dem Relief von Bet She'arim Leda und der Schwan nebeneinander stehen und nur an den Genitalien miteinander verbunden sind, wird Leda auf dem Relief aus Sevilla von dem Schwan gleichsam umfangen: sie wird von seinen Klauen festgehalten und von seinem Schnabel im Genick erfasst. Unterhalb von ihren Knien ist, ähnlich wie auf dem jüdischen Sarkophag, der Rest ihres Gewandes abgebildet, während sie ansonsten völlig nackt ist. Die ausgestreckte rechte Hand auf dem Sarkophagrelief von Bet She'arim mag Ledas Liebkosung des Schwans bzw. ein Ansichziehen ausdrücken, d.h. Ledas Einwilligung, diese Vereinigung einzugehen. Auf dem Relief von Sevilla handelt es sich dagegen mehr um eine Vergewaltigung: Leda kann den Schwan nicht abwenden, der sich an ihr festklammert; sie nimmt eine gebückte Haltung ein, die ihre Scham ausdrücken mag. Dahinter mag aber auch ein weiterer Aspekt der

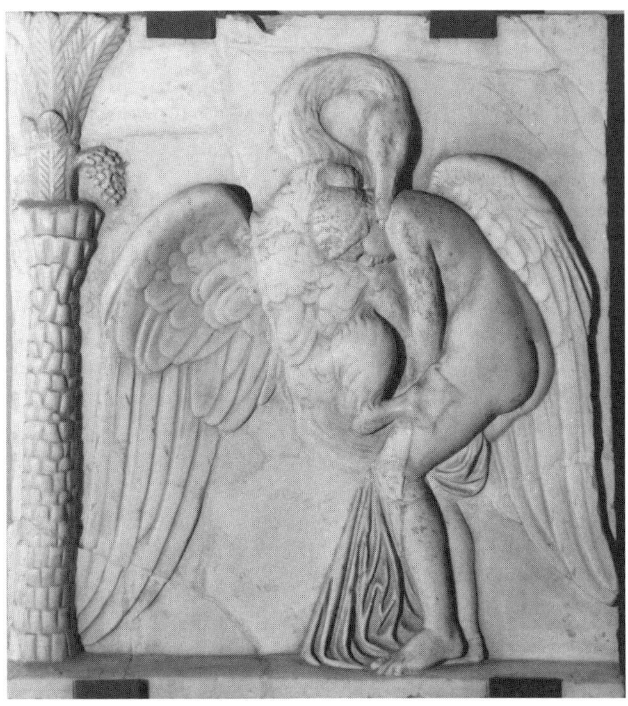

Abb. 8: Relief: Leda und der Schwan, Sevilla, Casa de Pilatos, 1. Jahrhundert. v.u.Z. – 3. Jahrhundert. n.u.Z.

Sage stehen, derzufolge der Schwan von einem Adler verfolgt wurde und bei Leda Zuflucht suchte.[12]

---

[12] Dieses Motiv erscheint in Euripides, Helena 1. 16–20: "… my father is Tyndareus; but there is indeed a story that Zeus flew to my mother Leda, taking the form of a bird, a swan, which accomplished the deceitful union, fleeing the pursuit of an eagle, if this story is true" Übersetzung: E.P. Coleridge).

Das Motiv ist auch unter griechisch-römischen Skulpturen zu finden. Die Relief- und Skulpturendarstellungen sind sich zum Teil so ähnlich, dass man von gegenseitiger Abhängigkeit ausgehen kann, bzw. von konventionellen Mustern, die Relief- und Skulpturenkünstlern als Vorbild dienten. Die Abbildung des Sarkophags in Bet She'arim wird wohl auch auf so ein graphisches Muster zurückzuführen sein. Dabei gab es natürlich verschiedene Versionen, wie das römische Relief aus Kreta zeigt, auf dem Leda links neben dem Schwan abgebildet und auf der rechten unteren Seite ein kleiner Eros zu sehen ist. Außerdem findet sich das Motiv auf griechischen Vasen, römischen Fresken (Neapel), und Mosaikfußböden (z.B. Italica, Madrid, Salamis).[13]

Warum war das Motiv in der antiken Kunst so weit verbreitet und offensichtlich beliebt? Interessanterweise wird die Geschichte von Leda und dem Schwan in Homers Werken nicht erwähnt, obwohl Homer die göttliche Abstammung der troyanischen Helena aus griechischen Mythen bekannt gewesen zu sein scheint.[14] Isokartes erwähnt die Geschichte kurz in seinem Traktat *Helena* (10.59), führt sie aber nicht weiter aus.[15] Wie bereits im Zusammenhang mit der Bindung Isaaks gezeigt wurde, sind

---

[13] Die Darstellung befindet sich auf dem sogenannten Pan-Mosaik, das aus Italica stammt und von der Gräfin Lebrija am Anfang des zwanzigsten Jahrhunderts nach Sevilla gebracht wurde und im Innenhof des Lebrija Palastes zu sehen ist.

[14] Lang, *Works*, 1557: "In Homer, then, Helen is the daughter of Zeus, but Homer says nothing of the famous legend which makes Zeus assume the form of a swan to woo the mother of Helen".

[15] Isokates, Helena 10.59: "Nay, Zeus, lord of all, reveals his power in all else, but deigns to approach beauty in humble guise ... in the guise of a swan he took refuge in the bosom of Nemesis, and again in this form he espoused Leda; ever with artifice, manifestly, and not

auch hier die künstlerischen Darstellungen nicht als Illustrationen eines schriftlichen Textes anzusehen, sondern als Darstellung einer mythischen Erzählung, die aus der mündlichen Überlieferung bekannt gewesen zu sein scheint. Es scheint sich dabei um ein im griechisch-römischen Kulturkreis verbreitetes populäres Allgemeinwissen zu handeln, welches wohl in Familien tradiert und auch im Theater pantomimisch dargestellt wurde.[16] Zeev Weiss zufolge ist "Leda und der Schwan" einer der überlieferten Titel pantomimischer Darstellungen, die sowohl im östlichen Teil des Römischen Reichs als auch in Rom selbst aufgeführt wurden.[17]

Sowohl der jüdische Sarkophag in Bet She'arim als auch die griechisch-römischen Darstellungen Ledas und des Schwans weisen in den privaten Bereich als Darstellungskontext dieses mythologischen Motivs. Skulpturen, Fresken, und Mosaikfußböden mit diesem Motiv waren in römischen Villen zu finden.[18] Im privaten Bereich der Villa unterstreicht Ledas Nacktheit die erotischen Konnotation der Darstellung. Angeblich war die erotische Paarung ungleicher Körper in der antiken Kunst beliebt.[19] Das Motiv begegnet auch auf römischen Sarkophagen. Ein Sarkophag aus der Mitte des dritten Jahrhunderts zeigt eine nackte liegende Frau in der Pose Ledas, unterhalb des Por-

---

with violence, does he pursue beauty in women" (Übersetzung: George Norlin).

[16] Jory, "Drama", 2: Römische Pantomimenkünstler "enacted stories that were, for the most part, taken from the vast repertoire of Greek mythology".

[17] Weiss, *Spectacles*, 121, mit Hinweis auf Tetullian, Apologeticus 15.

[18] Newby, *Myths*, 132; Clarke, "Decor", 97–100.

[19] Vermeule, *Aspects*, 167.

traits einer Frau, die einen Chiton trägt und eine Buchrolle in der Hand hält.[20] Angeblich sind hier unterschiedliche Versionen von Weiblichkeit dargestellt.[21] Janet Huskinson schreibt: "By the late second century the range of myths depicted across all types of Roman sarcophagi was extensive, as was the range of human experiences which they represented".[22] Welche Bedeutung könnte der Leda-Mythos im Bestattungskontext gehabt haben? Vögel tragen Menschen, bzw. deren Seelen gen Himmel. Vermeule schreibt: "The birds of the Iliad also played a role somewhere between death and rape, as the vultures wived the corpses ... the soul exalted in love is lifted, on alien wings or on its own".[23] Fletcher zufolge drückt das Motiv die Liebe (eines) Gottes zu einem Menschen aus und könnte als Apotheose verstanden worden sein, d. h. als Teilnahme an der himmlischen Glückseligkeit durch den Tod oder als Vereinigung mit Gott nach dem Tod.[24] Gott, bzw. der Tod in Gestalt des Schwans, holt den Menschen zu sich zurück, und dieses Ereignis wird als zugleich schmerzlich und freudig empfunden.

Im jüdischen Kontext der Bet She'arim Katakomben mögen biblische Vorstellungen die Interpretation des Motivs beeinflusst haben. Die Liebe Gottes zu seinem Volk Israel wird ja auch in der Hebräischen Bibel betont. Im Hohelied werden erotische Metaphern und Allegorien verwendet, um diese Liebe auszudrücken. Um nur ein paar Beispiele zu nennen: "Er küsse mich mit dem Kusse seines Mundes, denn seine Liebe ist lieblicher als Wein"

---

[20] Huskinson, *Sarcophagi*, 132, Abb. 7.7 (Musei Capitolini, Rom).

[21] Ibid. 130.

[22] Ibid. 156.

[23] Vermeule, *Aspects*, 167.

[24] Fletcher, "Leda", 101.

(1:1); "Zieh mich dir nach, so laufen wir" (1:4); "Seine Linke liegt unter meinem Haupte und seine Rechte herzt mich" (2:6); "Mein Freund ist mein und ich bin sein" (2:16). Die Rede in der ersten Person repräsentiert die Geliebte, die wohl stellvertretend für Israel steht. Neusner hat bereits ausdrücklich betont, dass im rabbinischen Midrasch zum Hohelied das Verhältnis zwischen dem Liebhaber und seiner Geliebten auf Gott und Israel bezogen wird: "Song of Songs Rabbah leaves no doubt: it is a relationship of lovers. God yearns for Israel, Israel yearns for God. Israel and God are reciprocally responsive and dependent, with Israel God's beloved".[25] Insofern ist es wahrscheinlich, dass Juden in dem Schwan ein Symbol für Gottes Liebe gegenüber Israel gesehen haben. Israel wurde dabei von Leda verkörpert. Diese kollektive Bedeutung würde natürlich auch den einzelnen Juden betreffen. Besonders angesichts des Todes mag die Bewusstmachung dieses Liebesverhältnisses Trost gespendet haben. Deshalb ist, trotz des Bezugs auf den jüdischen Gott statt auf Zeus, die Bedeutung im jüdischen und paganen Bestattungskontext wohl ähnlich: Gottes Liebe zum Menschen endet nicht mit dem Tod; im Gegenteil: im Tod zieht Gott den Verstorbenen zu sich.

Anzunehmen ist auch, dass das Leda-Motiv, besonders in Kombination mit der Achilles Szene, besonders für Frauen von Bedeutung war. Könnte in dem Sarkophag vielleicht eine Frau bestattet gewesen sein?[26] Emily Ver-

---

[25] Neusner, *Commentary*, 230.

[26] In der Nähe des Sarkophags wurde eine Epigramm-Inschrift gefunden, die sich auf einen jungen Mann aus Bet She'arim bezieht. Schwartz, *Imperialism*, 157, vermutet deshalb, dass dieser Jüngling in dem Leda-Srakophag bestattet wurde. Diese Verbindung ist aber nicht zwingend.

meule bemerkt in Bezug auf die Apotheose im griechischen Kontext: "Greek women are generally not allowed to reach heaven this way; their heaven was thought to exist in sex, in a night's quick union with an Olympian".[27]

Eros (Dionysos) und Thanatos (Hades) wurden in der Antike oft miteinander identifiziert.[28] Beide werden mit der Auflösung persönlicher Identität in Verbindung gebracht. So könnte, gerade für Frauen, der Tod als sexueller Akt dargestellt worden sein, als Vergewaltigung durch eine übermenschliche Gewalt, der man sich nicht entziehen kann. Der Psychoanalytiker Wilhelm Reich schreibt: "Fear of death and dying is identical with unconscious orgasm, anxiety and the alleged death instinct. The longing for dissolution, for nothingness, is unconscious longing for orgiastic release".[29] Außerdem schreibt Reich: "God is the representation of the natural life forces, of the bioenergy in man, and is nowhere so clearly expressed as in the sexual orgasm".[30] Franz Meier vermutet, "dass die Erlebnisweisen von Individuen hinsichtlich der Phänomene Sexualität und Tod strukturelle Ähnlichkeiten und Parallelen aufweisen, die es ermöglichen, dass diese Bereiche bis zur Verwechslung oder Identifizierung füreinander einstehen können".[31] Der Orgasmus als lebengebende und lebennehmende Kraft – dieser Gedanke scheint im Hintergrund der Darstellungen Ledas und des Schwans zu stehen, wobei im Kontext des Hauses der lebengebende

[27] Vermeule, *Aspects of Death*, 167.

[28] Dollimore, *Death*, 5.

[29] Zitiert in Grof, *Brain*, 170.

[30] Ibid.

[31] Meier, *Sexualität*, 50. Siehe zu dieser Verbindung auch Jüngel, *Tod*.

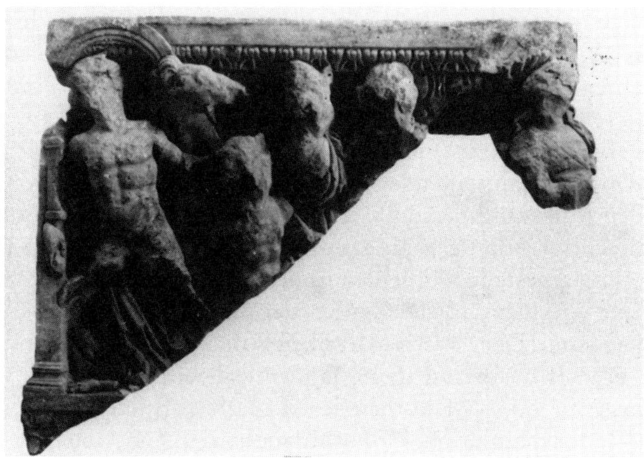

Abb. 9: Längsseite des Leda-Sarkophags: Achilles bei den Töchtern des Königs Lykomedes, Katakombe 11, Bet She'arim. Mit freundlicher Genehmigung des Center for Jewish Art, Hebräische Universität Jerusalem.

und im Bestattungskontext der lebennehmende Aspekt stärker zur Geltung zu kommen scheint.

Auch in der Archillesszene auf der Längsseite des Sarkophags (Abb. 9) waren Frauen abgebildet, ja es handelt sich um eine Begebenheit im Frauengemach (*gynaeceum*) des Palastes des Königs Lykomedes. Im Mittelpunkt steht Achilles, der den anderen in Jugend, Schönheit, und Muskelkraft überlegen ist. Es handelt sich um den Moment seiner Entdeckung. Noch wird er von den überraschten Frauen an seinen beiden Seiten geschützt, aber daneben warten schon die männlichen Kriegshelden, um ihn in ihren Kreis zurückzuziehen. Die Handbewegungen der Frauen weisen nach außen, während ihre Blicke Achilles zugewandt sind. Sie sind nur leicht bekleidet, während die anrückenden Soldaten mit Helmen und Schlagstöcken ausgestattet sind. Achilles blickt nach rechts, wahrscheinlich zu seiner Geliebten Deidameia. Marco Fantucci schreibt: "... he is here rather a hero of love whose choice seems preferable to the militaristic choice of the rest of the Greeks".[32] In der Betonung des privaten Bereichs des Hauses als Zuflucht vor kriegerischem Geschehen und der Liebe von und zu Frauen im Gegensatz zu militaristischen Unternehmen scheint auch diese Darstellung Themen anzusprechen, die wohl besonders für Frauen von Bedeutung waren.

Wird das Motiv von Leda und dem Schwan auch in der frühbyzantinischen christlichen Kunst aufgegriffen? Bestimmte Gemeinsamkeiten zwischen dem Mythos und der sogenannten Jungfrauengeburt Marias sind augenscheinlich. In beiden Fällen wird durch die göttliche Begattung einer menschlichen Frau ein Kind geboren, das als (halb)göttlich angesehen wird. In Matthäus 1:18 (vgl. 1:20) heißt es, dass Maria mit einem Kind durch den Heiligen Geist schwanger war. Bei Lukas sagt der Engel Gabriel zu Maria: "Der Heilige Geist wird über dich kommen, und die Kraft des Höchsten wird dich überschatten. Deshalb wird auch das Kind, das du zur Welt bringst, heilig sein und Gottes Sohn genannt werden" (Lukas 1:35). Könnte bereits bei Lukas die pagane Vorstellung von der göttlichen Begattung menschlicher Frauen, die im Leda-Mythos zum Ausdruck kommt, im Hintergrund gestanden haben? Das Motiv des göttlichen Geistes, der von oben kommt und Maria "überschattet", sowie das Resultat dieser Vereinigung von Gott und Mensch, das göttliche Kind (Helena und Jesus), sind in beiden My-

---

[32] Fantucci, *Achilles*, 55.

then anzutreffen. Dieser Zusammenhang wird in der neutestamentlichen Forschung nur selten zugegeben, aber von Historikern aufgewiesen. So schreibt Hanne Blank: "Virgin women like Evadne and Leda and a certain Mary (or Miriam) were singled out to bear children of gods".[33] Ähnlich hat Marina Warner auf Analogien zwischen christlichen Darstellungen der Zeugung Jesu und paganen Darstellungen der göttlichen Abstammung der troyanischen Helena hingewiesen:

"In the topography of classical myth, the categories of above and below were sharply defined and birds were in consequence associated with the life of the heavens. Zeus transformed himself into a variety of species to visit his earthly paramours: a swan for Leda, an eagle for Aegina ... the Annunciation, when the bird of the Holy Spirit descends on Mary, is celebrated at the vernal equinox, March 25 ... The influence of pagan bird metamorphoses on ideas about Christ's birth appears to have been stronger in the western, Latin world, where it endures into the late Renaissance, than in eastern Christianity, where the Holy Spirit's gender was unclear".[34]

In seinem *Diskurs mit den Griechen* hält Justin es für notwendig, auf Zeus'/Jupiters angeblich "ehebrecherische" Vereinigung mit Leda hinzuweisen.[35] In der ersten *Apologie* geht er explizit auf einen Vergleich mit der Zeugung Jesu ein:

"And when we say also that the Word, who is the first-birth of God, was produced without sexual union, and that He, Jesus Christ, our Teacher, was crucified and died, and rose again, and

[33] Blank, *Virgin*, 79. siehe auch ibid. 126 und 163.

[34] Warner, *Alone*, 39.

[35] Justin, Diskurs mit den Griechen 2. Für die englische Übersetzung siehe http://www.earlychristianwritings.com/text/justinmartyr-discourse.html.

ascended into heaven, we propound nothing different from what you believe regarding those whom you esteem sons of Jupiter … and the sons of Leda, and Dioscuri; and Perseus, son of Danae; and Bellerophon, who, though sprung from mortals, rose to heaven on the horse Pegasus".[36]

Hier wendet sich Justin an Menschen mit griechischer Bildung und erinnert sie daran, dass auch in ihrer Kultur mit göttlicher Zeugung und Abstammung gerechnet wird. Anschließend werden die Beispiele aus den griechischen Mythen aber verunglimpft. Es wird in den Mythen, im Unterschied zum Christentum, angeblich amoralisches Verhalten mit einem Gott assoziiert: Jupiter geht in seiner Vereinigung mit Leda seinen niederen Gelüsten nach ("being overcome by the love of base and shameful pleasures") und verübt Ehebruch ("those many women whom he had violated"). Er ähnelt einem Teufel eher als Gott ("wicked devils perpetrated these things"). Justin war sich also der Analogie zwischen der Jungfrauengeburt Jesu und dem Leda-Mythos durchaus bewusst. Er setzte sie bewusst ein, um Griechen die angeblichen Unterschiede zwischen christlichen und paganen Glaubensinhalten bewusst zu machen. Justin und die Kirchenväter nach ihm betonen die nicht-sexuelle Zeugung Jesu durch den Heiligen Geist, wie immer man sich dies vorgestellt haben mag.

Northrop Frye schreibt in Bezug auf William Butler Yeats' Sonnet "Leda and the Swan"[37] und den darauf basierenden Vergleich zwischen der antike paganen und

---

[36] Justin, Apologie 1.21. Für die englische Übersetzung siehe: http://www.earlychristianwritings.com/text/justinmartyr-firstapology.html, angesehen am 19.5.17.

[37] Dieses Sonnet wurde 1923 zum ersten Mal veröffentlicht und ist online zu lesen: http://www.famousliteraryworks.com/yeats_leda_and_the_swan.htm, angesehen am 22.5.17.

christlichen Kultur: "The coming of each culture is symbolized by the conjunction of a bird and a woman. The bird being the manifestation of a god. Classical culture is heralded by the sexual union of Leda and the swan, Christian culture by the nonsexual union of the Dove and the Virgin ...".[38] Frye selbst betont die Übereinstimmung dieser beiden Vorstellungen: "... literature after Euripides, ..., is mainly under the sign of the Dove and the Virgin. But this applies whether the literature itself is pagan or Christian: it is still under the Dove and the Virgin when the dove is Venus' dove and the virgin Diana".[39] Die pagane mythische Vorstellung einer Vereinigung zwischen einem Gott und einer menschlichen Frau wurde angeblich im christlichen Maria-Mythos fortgesetzt: "... the fictional devices employed are common to Christian and pagan romance".[40]

Gerade die konzeptionelle Ähnlichkeit der Leda- und Maria-Mythen mag Christen der ersten drei Jahrhunderte veranlasst haben, das Leda Motiv nicht künstlerisch einzusetzen, um christliche Glaubensinhalte auszudrücken. Zumindest vom vierten Jahrhundert an wird der Heilige Geist in der christlichen Kunst oft durch eine Taube symbolisiert. Die Taube stellt eine Alternative zum Schwan dar und hat biblische Konnotationen. Die Assoziation der Taube mit dem Heiligen Geist basiert auf der synoptischen Erzählung von der Taufe Jesu durch Johannes den Täufer. Es heißt dort, dass im Anschluss an die Taufe der Himmel sich öffnete und der Heilige Geist auf Jesus herabkam wie eine Taube (Markus 1:10 par. Matt. 3:16). Dabei

---

[38] Frye, *Scripture*, 90.
[39] Ibid.
[40] Ibid. 91.

war angeblich die Stimme Gottes aus dem Himmel zu hören, die sagte, dass Jesus sein geliebter Sohn sei (Markus 1:11 par. Matt. 3:17). Lukas weist ausdrücklich auf die Verkörperung Gottes in der Taube hin (Lukas 3:22). Im Johannesevangelium wird die Zeugenschaft des Täufers betont (Joh. 1:32).

Die Evangelien vermeiden es, den Heiligen Geist bei der Zeugung Jesu explizit als Taube zu bezeichnen. Wie die Zeugung vonstatten ging, wird offen gelassen, wohl um deutliche Anklänge an die pagane Mythologie zu vermeiden. Im vierten Jahrhundert wird in Cyrill von Jerusalems *Katechesen an die Täuflinge* die Taube als Verkörperung des Heiligen Geistes schon viel ausdrücklicher erwähnt:

"Zeugnis gibt vom Himmel her der Vater für seinen Sohn. Zeugnis gibt der Heilige Geist, der körperlich in Gestalt einer Taube herabsteigt. Zeugnis gibt der Erzengel Gabriel, da er Maria die frohe Botschaft bringt. Zeugnis gibt die jungfräuliche Gottesgebärerin (*theothokos*)" (*Katechesen an die Täuflinge* 10.19, PG 33.685A).[41]

Hier bleibt offen, ob das Herabsteigen des Heiligen Geistes in Gestalt der Taube sich auf Jesu Taufe oder Marias Empfängnis bezieht.[42] Der folgende Bezug auf den Erzengel Gabriel, der Maria die Botschaft von der Zeugung eines göttlichen Sohnes überbringt, könnte auf letztere Möglichkeit hinweisen. Die Taube wird in Cyrills Katechesen sehr häufig erwähnt. Cyrill scheint die Taube nicht nur als abstraktes Symbol, sondern als konkrete Verkörperung des Göttlichen anzusehen. Die Taube ist "rein und unschuldig und unbefleckt" (17.9). Die Harmlosigkeit der

---

[41] Überserzung: Philipp Haeuser.

[42] Siehe hierzu auch Gambero, *Mary*, 136.

Taube wird mit dem Guten assoziiert, in Kontrast zur Weisheit der Schlange in der Schöpfungsgeschichte, die angeblich zum Bösen führte (20.27). Für Cyrill ist die Taube Ausdruck der Körperlichkeit Gottes: Der Heilige Geist kommt vom Himmel herunter auf jemanden, der Gott ähnlich ist; Gott verkörpert sich in einer Taube, weil die Körperlichkeit ihm wichtig ist (39.16).

Cyrill war die Geschichte von Leda und dem Schwan durchaus bekannt, und er musste sich, wie auch schon Justin, der konzeptionellen Ähnlichkeit zur Geschichte der Jungfrauengeburt Marias bewusst gewesen sein. Gerade deshalb geht er so polemisch gegen diese Vorstellung vor:

> "Warum die Torheit des Polytheismus bei den Griechen? Gott ist ohne Körper. Warum wird von Ehebruchszenen bei ihren sogenannten Göttern berichtet? Ich schweige von den Verwandlungen des Zeus in einen Schwan ... Bei den Griechen sehen wir Gott als Ehebrecher, und doch schämen sie sich nicht. Ist er ein Ehebrecher, dann darf er nicht den Namen Gott haben" (*Katechesen an die Täuflinge* 6.11).

Interessanterweise scheinen Zeus und der christliche Gott hier identisch zu sein, wahrscheinlich, weil sogenannte Heiden für das Christentum gewonnen werden sollen. Seltsam ist die Insistenz auf der Körperlosigkeit Gottes, wo Cyrill doch an anderen Stellen ausdrücklich auf seine Verkörperung in der Taube und in Jesus hinweist. Während die göttliche Begattung Ledas als ein Irrglaube bezeichnet wird, der Gott mit Ehebruch assoziiert, wird die göttliche Begattung Marias als rein und harmlos dargestellt. Diese bewusste Abgrenzung vom Leda-Mythos geschieht auf zweierlei Art und Weise: (1) Das Motiv des göttlichen Vogels ist abgewandelt worden: Die harmlose Taube und nicht der stolze Schwan verkörpert Gott. (2) Die Vereinigung mit einem Menschen ist nicht mit sexuellen Vorstellungen verbunden, sondern sexuelle Assoziationen werden bewusst vermieden.

Das Motiv eines Vogels, der das Göttliche verkörpert, aus dem Himmel auf einen Menschen zufliegt und mit ihm eine Vereinigung eingeht, d.h. ihn an seiner Göttlichkeit teilhaben lässt, hat keine Basis in der Hebräischen Bibel, obwohl die Vogelmetaphorik auch dort begegnet. In den Klageliedern werden die Feinde Israels gelegentlich als Raubvögel dargestellt (Klagelieder 3:52, 4:19). In Psalm 124:7 wird die menschliche Seele mit einem Vogel verglichen: "Unsere Seele ist entronnen wie ein Vogel der Schlinge des Voglers. Der Strick ist zerrissen, wir sind los" (vgl. Sprüche 6:5: "Errette dich ... wie ein Vogel aus der Hand des Voglers"). Sprüche 27:8 zufolge ist der Reisende "wie ein Vogel, der aus seinem Nest weicht". In diesen Texten ist es der Mensch, für den die Vogelmetapher verwendet wird. Gelegentlich wird in poetischen Texten aber auch Gott metaphorisch als Vogel dargestellt. Im Mose-lied in Deut. 32:11 begegnet die Vorstellung vom Adler, der seine Jungen beschützt in Bezug auf Jakob/Israel: "Wie ein Adler ausführt seine Jungen und über ihnen schwebt, so breitete er seine Fittiche aus und nahm ihn und trug ihn auf seinen Flügeln".[43] Im Hohelied wird der Geliebte (Gott) von seiner Geliebten (Israel) als Taube vorgestellt: "Meine Taube in den Felsklüften, im Versteck der Felswand, zeige mir deine Gestalt, lass mich hören deine Stimme ..." (Hohelied 2:14; cf. 5:2 und 6:9). Wie bereits oben betont wurde, mag das Liebesverhältnis zwischen Gott und Israel, das im Hohelied zum Ausdruck gebracht wird, im Hintergrund der jüdischen Verwen-

[43] Zur Adler-Metaphorik siehe auch Ex. 19:4: Beim Auszug aus Ägypten trug Gott die Israeliten auf Adlerflügeln.

dung des Leda-Motivs in Bet She'arim stehen. In der christlichen Literatur der Kirchenväter begegnet diese Assoziation meines Wissens dagegen nicht.

Neutestamentliche und patristische Vorstellungen vom Heiligen Geist als Taube bilden den Hintergrund der Vogelsymbolik in der christlichen Kunst. Marina Warner schreibt:

> "Ever since the Holy Spirit descended on the head of Christ at his baptism in the form of a dove, the Third Person of the Trinity had been most commonly depicted as this bird. The Holy Ghost presents such a pitfall for theologians and has tumbled so many into heresy that the visual imagery has been remarkably static and uninventive, Christian artists preferring to play it safe with the traditional white bird poised in flight ...".[44]

Dies wird auch von Robin Jensen betont, die schreibt: "This image is so visually inscribed in Christian art and imagination that the depiction of the Holy Spirit as a dove is hardly ever questioned. It rarely is given another symbolic form in early Christian art, which indicates that early Christians found the imagery completely understandable and acceptable".[45] Dorothy Willette zufolge war die Taube bis ins vierte Jahrhundert hinein das christliche Symbol par excellence, bis es vom Kreuz abgelöst wurde.[46] Sie erschien besonders in Katakomben als Symbol der Auferstehung der Seele nach dem Tod, mit einem Olivenzweig im Mund schon in den römischen Katakomben des dritten Jahrhunderts.

---

[44] Warner, *Alone*, 39.

[45] Jensen, *Imagery*, 116.

[46] Willette, "Symbolism": http://www.biblicalarchaeology.org/daily/ancient-cultures/daily-life-and-practice/the-enduring-symbolism-of-doves, angesehen am 22.5.17. Für Beispiele siehe Jensen, *Imagery*, 118–9.

Seit dem fünften Jahrhundert und besonders in der christlichen Kunst des Mittelalters und der Renaissance erscheint der Heilige Geist als Taube im Kontext von Marias Verkündigung. Willette schreibt im Hinblick auf die späteren Darstellungen: "In Renaissance art, a dove became a standard element in the formulaic Annunciation scene, representing the Holy Spirit about to merge with the Virgin Mary. Doves were also seen flying into the mouth of prophets in Christian art as a sign of God's spirit and divine authority".[47] Dabei sind die Tauben stets klein abgebildet, nicht in Menschengröße wie der Schwan, der angeblich Leda heimsuchte. Tauben wurden als harmlose, reine Tiere angesehen und konnten deshalb wohl als Alternative zur Verkörperung Zeus'/Jupiters als Schwan dienen.[48]

In der frühbyzantinischen Kunst ist die Mosaikdarstellung von Marias Verkündigung auf dem Triumphbogen der römischen Kirche Santa Maria Maggiore besonders bedeutsam (Abb. 10).[49] Die Szene ist Teil der Geburtsgeschichte Jesu, die auf dem Triumphbogenmosaik im mehreren Szenen dargestellt wird. Das Mosaik ist zwischen 432 und 440 n.u.Z., unter dem Pontifikat Sextus' III. entstanden, der in einer Inschrift namentlich genannt wird.[50] Im Mittelpunkt dieser Szene sitzt Maria auf einem Thron. Sie ist wie eine Königin dargestellt, deren Bedeutung auch durch ihren Schmuck (Krone, Diadem) zum Ausdruck

---

[47] Ibid.

[48] Northcote, *Catacombs*, 72.

[49] Siehe die Abbildung im Austellungskatalog: *The Vatican Collections*, 335. Zu den Mosaiken des Triumphbogens siehe Brenk, Mosaiken; Noga-Banai, *Stimulus*, ch. 4.

[50] Lundy, *Christianity*, 204–5. Die Inschrift lautet: XISTUS EPISCOPUS PLEBI DEI.

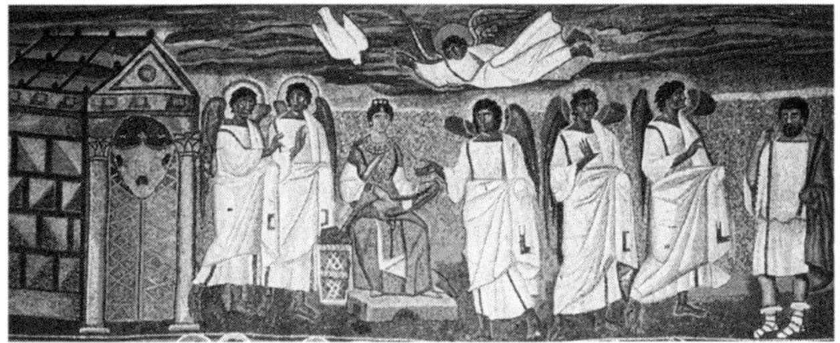

Abb. 10: Marias Verkündigung auf dem Kuppelmosaik der Basilika Santa Maria Maggiore in Rom.

gebracht wird. Über ihr ist eine relativ große weiße Taube abgebildet, die den Heiligen Geist symbolisiert und auf Maria zufliegt, rechts davon der Engel Gabriel, der mit dem Zeigefinger seiner rechten Hand auf die Taube zeigt.[51] Gabriel steht auch rechts neben Maria, um ihr die frohe Botschaft zu überbringen, er ist also zweimal abgebildet, als Verkünder der Botschaft auf Erden und als Aussender der Taube im Himmel. Jeweils zwei weitere Engel mit Flügeln und Heiligenscheinen stehen zur Rechten und Linken Marias. Montgomery zufolge steht die Darstellung der geflügelten Boten in der Tradition Nikes, des göttlichen Boten der römischen Tradition.[52] Am rechten Rand ist Joseph abgebildet. In der Szene wird Maria die Botschaft überbracht, dass sie ein vom Heiligen Geist gezeugtes Kind gebären wird. Die Darstellung weiterer Engel außer dem Engel Gabriel mag auf 1 Petrus 1:12 beruhen, wo es heißt, dass Engel die Verkündigung sehen wollten.[53]

[51] Zur Darstellung der Taube als Symbol des Heiligen Geistes siehe auch Brenk, *Mosaiken*, 12.

[52] Montgomery, *Angel*, 16.

[53] Lundy, *Christianity*, 205.

In der Szene darunter wird die Anbetung Jesu durch die drei Könige/Magi dargestellt, die prächtige orientalische Gewänder tragen und Geschenke bringen. Hier steht nicht Maria sondern Jesus im Mittelpunkt, der auf einer Art Thronbett sitzt und für einen Säugling ungewöhnlich groß abgebildet ist. Auf seinem Heiligenschein ist ein Kreuz abgebildet, über ihm ein Stern. Links von ihm steht Maria auf einem Podest, ihre linke Hand auf Jesu Thronbett aufgestützt. Ihre Frisur, Kleidung, und Schmuck sind identisch mit der Darstellung in der oberen Szene, wodurch ihre Identifizierung für den Betrachter vereinfacht wird. Am linken Rand erscheint wieder Joseph, der durch seine hohen Sandalen zu erkennen ist. Außerdem sind auch hier wieder die vier Engel vertreten, die nun hinter Jesus stehen. Die schwarz-gekleidete Frau mit Kopfbedeckung, die rechts neben Jesus auf einem Thron sitzt, mag Maria zu einem späteren Zeitpunkt oder Elisabeth darstellen.

Die älteste Darstellung der Verkündigung an Maria begegnet in den Priscilla Katakomben an der Via Salaria in Rom und stammt aus dem zweiten Jahrhundert.[54] Auch hier sitzt Maria auf einem Thron. Aber die Darstellung ist viel einfacher und besteht nur aus Maria und dem vor ihr stehenden Engel Gabriel. Bezeichnenderweise fehlt die Taube, die in der späteren Abbildung den Heiligen Geist verkörpert. In den Evangelien wird die Ankündigung der Geburt Jesu nur im Lukasevangelium beschrieben. In Lukas 1:26–45 heißt es, dass der Engel Gabriel von Gott nach Nazareth gesandt wurde, zu einer Jungfrau namens Ma-

[54] Siehe die Abbildung auf https://iconreader.wordpress.com/2012/03/25/oldest-surviving-icon-of-the-annunciation, angesehen am 9.4.2018.

ria, die mit Joseph verheiratet war. Er sagte zu ihr: "Du wirst schwanger werden und einen Sohn gebären und du sollst seinen Namen Jesus nennen" (Lukas 1:31). Als Erklärung dafür, wie diese Schwängerung vonstatten gehen soll, weist der Engel auf den Heiligen Geist hin: "Der Heilige Geist wird über dich kommen und die Kraft des Höchsten wird dich überschatten ..." (ibid. 1:35). Eine Verkörperung des Heiligen Geistes durch einen Vogel wird hier nicht genannt. Die einfache Darstellung der Verkündigung in der Priscilla Katakombe aus dem zweiten Jahrhundert steht dem Lukasevangelium also näher als die Mosaikdarstellung aus dem fünften Jahrhundert. Letztere Darstellung scheint eine spätere Interpretation widerzuspiegeln. Mit dem Vogel als Verkörperung Gottes und den Engeln, die paganen göttlichen Boten ähneln, werden pagane Motive aufgegriffen und in das christliche Bildschema integriert.

Hat Kurt Weizmann also recht, wenn er schreibt, dass die christliche Kunst erst in der früh-byzantinischen Zeit, vom fünften Jahrhundert an, und besonders im neunten und zehnten Jahrhundert, klassische mythologische Motive rezipierte?[55] Haben die Christen der ersten Jahrhunderte visuelle Anklänge an die pagane Mythologie bewusst vermieden und erst in der Zeit nach Konstantin, als die paganen Religionen zunehmend unterdrückt wurden und deshalb weniger gefährlich erschienen, entsprechende Motive aufgegriffen? Und trifft diese Entwicklung sowohl auf den privaten als auch auf den öffentlichen Bereich zu?

Auch im Judentum finden sich erst in den Synagogen des fünften und sechsten Jahrhunderts mythologische

[55] Weitzmann, *Mythology*, 3 und 204.

Motive, während sie im privaten Bereich der Bestattung (Bet She'arim) und der Villa (z.B. das sog. Haus der Mona Lisa in Sepphoris mit seinem Dionysos-Mosaik) schon vom dritten Jahrhundert an aufgegriffen worden sind.[56] David Biale schreibt in Bezug auf die Villa mit dem Dionysos-Mosaik und ihre möglichen Bewohner: "Was this the house of a wealthy Jew? We do not know for sure, but given what we know generally about Zippori in the early third century, it seems quite likely".[57] In dem sogenannten Haus des Kyrios Leontis in Bet She'an, das ins vierte oder fünfte Jahrhundert datiert wird und teilweise öffentlichen Zwecken gedient haben mag, sind auf dem zentralen dreiteiligen Mosaikfußboden oben Odysseus und die Sirenen und unten der Nilgott mit der Inschrift "Alexandria" abgebildet.[58] Das Haus mag reichen, hellenistisch gebildeten, und möglicherweise ursprünglich aus Ägypten stammenden Juden gehört haben. In einem Haus in Sepphoris vom Anfang des fünften Jahrhunderts sind auf dem Mosaikfußboden tanzende Amazonen dargestellt. Rina Talgam schreibt dazu: "In the lower register, Amazons are shown in dancing postures. The cultic war dance of the Amazons around the statue of Artemis at Ephesus has been reduced to an after-dinner entertainment ... The dancing Amazons at Sepphoris probably represent the

---

[56] Zu diesem Haus und dem Dionysos-Mosaik siehe besonders Talgam und Weiss, *Mosaics*. Zeev Weiss rechnet mit der Möglicheit, dass wohlhabende Juden und vielleicht sogar der Patriarch in diesem Haus gewohnt haben könnten. Für frühere Untersuchungen siehe Meyers et al., "Artistry"; Talgam und Weiss, "Life"; Netzer und Weiss, "Dionysos".

[57] Biale, "Consumer", 30.

[58] Siehe dazu Broadhead, *Ways,* 343, Abb. 30: Schema des dreiteiligen Mosaikfußbodens; Fine, *Art*, 92.

mime of a mythical choral group …".[59] Ähnlich meint auch Zeev Weiss, dass die jüdische Rezeption mythologischer Motive im privaten Bereich des Hauses mit den Aufführungen der Pantomimen in den römischen Theatern Palästinas in Verbindung gebracht werden kann: Juden wie Nichtjuden werden griechische Mythen von diesen Theatervorstellungen her gekannt haben.[60] Die Aufnahme paganer Motive im Wohnbereich mag unter anderem dazu gedient haben, die hellenistische Bildung der jüdischen Villenbesitzer zum Ausdruck zu bringen und die gemeinsame Alltagskultur zu betonen, die spätantike Juden mit Nichtjuden teilten.

Lee Levine glaubt, dass die beruhigte politische Lage des dritten und vierten Jahrhunderts eine Annäherung zwischen Juden und Nichtjuden und eine positivere Einstellung zur römischen Fremdherrschaft begünstigte.[61] Er nennt diese Entwicklung einen "process of realignment", in dem der jüdische Patriarch durch seine Beziehungen zu römischen Würdenträgern eine Rolle gespielt haben mag.[62] Zumindest hellenistisch gebildete Juden der Oberschicht mögen in dieser entspannteren politischen Lage eher bereit gewesen sein, ihre Villen und Sarkophage mit mythologischen Motiven auszustatten, die die jeweiligen Betrachter auf ihre eigene Art und Weise interpretieren konnten. Besonders Juden, die geschäftliche und soziale

---

[59] Talgam, "Ekphrasis", 232.

[60] Zeev Weiss, *Spectacles*, 122: "Some of these colorful scenes, deriving from the Greek tragedy, reflect the cultural tastes of the affluent citizens in the region, but they may also testify to the prominent role of mime theater in portraying mythological themes on the local stage for larger audiences".

[61] Levine, "Art", 54.

[62] Ibid.

Beziehungen zu Griechen und Römern hatten, die sie in ihren Triklinien von Sklaven bedienen ließen, werden bemüht gewesen sein, sich als ihren Gästen in Wohlstand und Kultur ebenbürtig darzustellen. Nicht nur die künstlerischen Motive, sondern auch der Gebrauch von Sarkophagen und zumeist griechischen Inschriften, sowie die Architektur der Villen folgten römischen Prototypen.[63]

Christen wurden dagegen im dritten Jahrhundert noch von den römischen Kaisern verfolgt. Die Christenverfolgungen des dritten Jahrhunderts fanden sporadisch statt und begannen unter Septimus Severus. Der christliche Glaube wurde als der römischen Herrschaft gegenüber feindlich gesinnt angesehen,[64] Nach einer etwa vierzigjährigen Unterbrechung setzten die Verfolgungen unter Decius im Jahre 250 wieder ein. Decius verordnete, dass alle Einwohner der Römischen Reichs Opfer an die Götter darbringen sollten, wovon Juden ausgenommen waren.[65] In dieser politischen Lage werden Christen versucht haben, sich zumindest öffentlich vom Paganismus abzugrenzen, auch wenn die meisten Christen dieser Zeit selbst paganer Abstammung waren und paganes Gedankengut und griechische Bildung mit ihrem christlichen Glauben kombinierten.[66]

Gerade die christliche Mission unter Griechen und Römern wird eine Gradwanderung zwischen der Anknüp-

---

[63] Zur jüdischen Aufnahme des sogenannten "epigraphic habit" in der Spätantike siehe Hezser, *Literacy*, 357–97.

[64] Dwyer, *Church*, 89.

[65] Green, *History*, 19. Corcoran, "Madness", 71.

[66] Zur Frage des Verhältnisses zwischen Paganismus und Christentum gibt es unzählige Untersuchungen, von denen hier nur eine kleine Auswahl genannt werden kann: Fox, *Pagans*; Hillgardt, ed., *Christianity*.

fung an vertraute Motive und Vorstellungsweisen und der Insistierung auf dem biblischen Monotheismus gewesen sein. Christopher P. Jones betont die Fluidität der paganen und christlichen Identität in der Spätantike. Sowohl vor als auch nach Konstantin wurden paganes Gedankengut und Symbole beibehalten und ins Christentum aufgenommen, während man sich andererseits um Abgrenzung und Ausbildung einer eigenen Identität bemühte:

> "It therefore seems worth exploring, ..., what might be called the ground between pagan and Christian. 'Between' implies not only that Christianity had much in common, with Christianity drawing heavily on the beliefs and practices of paganism; it also refers to the ways in which Christians ... could use the traditional culture of Greeks and Romans to build a bridge from their own side to the other".[67]

Besonders in der Zeit nach Konstantin scheint ein Prozess der Integration paganer Symbole und Gedanken bei gleichzeitiger Delegitimisierung der paganen Religion stattgefunden zu haben. Wie Jones betont, "Constantine continued to show favor to pagans, especially those educated 'Hellenes' who formed the intellectual aristocracy of the eastern empire".[68] Andererseits scheint er besonders im Osten die Zerstörung paganer Tempel angeordnet zu haben.[69] Als das Christentum dann unter Theodosius' Herrschaft Staatsreligion wurde, war der Paganismus nicht nur geschwächt, sondern auch aus dem öffentlichen Raum verbannt, sodass Anklänge an pagane Motive und Mythen wohl immer weniger wahrgenommen wurden und gefürchtet werden mussten.

---

[67] Jones, *Pagan*, xiv.
[68] Ibid. 17.
[69] Siehe ibid. 16 mit Berufung auf Euseb.

So kam es vom vierten und fünften Jahrhundert an sowohl im Judentum als auch im Christentum vermehr zur Aufnahme paganer Motive, die nun auch im öffentlichen Raum der Synagoge und Kirche anzutreffen sind. Während pagane Religionen zunehmend unbedeutender wurden und ihre Tempel verschwanden, entwickelten sich die jüdischen und christlichen Gemeinden zu Konkurrenten, die sich den Anspruch auf die wahre Interpretation der Heiligen Schrift und die Selbstidentifikation als Gottesvolk streitig machten. Im Zuge der jahrhundertelangen hellenistischen Prägung wurden in diesem Konkurrenzkampf auch Motive verwendet, die aus der griechisch-römischen Kultur bekannt waren und im Judentum und Christentum adaptiert und neu interpretiert werden konnten. Diese Motive waren wohl besonders bei jüdischen und christlichen Oberschichtsangehörigen beliebt, die den spätantiken Synagogen und Kirchen Mosaike spendeten und ihren Bau finanziell unterstützten.[70]

Im Kontext spätantiker palästinischer Synagogen stehen das Heliosmotiv und der Zodiakkreis der griechisch-römischen Kultur am nächsten.[71] Auch im Christentum wurde seit Konstantin die Sonnensymbolik aufgenommen. Snyder schreibt: “The first churches were oriented towards the rising sun, and the Christians of the Byzan-

[70] Die meisten Stifterinschriften in spätantiken palästinischen Synagogen sind auf Griechisch verfasst. In diesen Inschriften, die individuelle Stifter namentlich nennen, werden die teuersten Stiftungen (z.B. Mosaikfußböden), bzw. die Renovierung ganzer Synagogen erwähnt, siehe Hezser, *Literacy*, 400–2. Kirchen wurden besonders im Osten oft durch den byzantinischen Kaiser und seine Angehörigen finanziert. Ausserdem konnten lokale Kirchen durch die Wallfahrt zu Heiligenrelikten Geld für ihre Aufrechterhaltung erwirtschaften, siehe Elsner, “Art”, 758.

[71] Zu diesem Motiv siehe Hezser, “Lord”.

tine era bowed toward that sun ... Most important, the imperial Christ became iconographically Christ Helios".[72] Gerade weil Konstantin die Sonnensymbolik mit christlichen Gedanken verband und Christus als Sonnengott darstellte, mag man in spätantiken Kirchen das Heliosmotiv bewusst vermieden haben.[73] Es begegnet aber schon im dritten Jahrhundert in einer christlichen Necropole, d. h. im privaten Kontext der Bestattung in Rom.[74]

Ein weiteres sowohl im jüdischen als auch im christlichen Kontext rezipiertes Motiv war Orpheus, der die Harfe spielte. Es begegnet bereits als Fresko in den Domitilla Katakomben aus dem zweiten Jahrhundert und in den Petrus und Marcellinus Katakomben des vierten Jahrhunderts in Rom.[75] Im christlichen Kontext diente Orpheus, der mit seiner Musik die wilden Tiere zähmte, als Symbol für Christus, der die wilden Begierden und Gelüste der Menschen im Zaum hält. Durch seine mythische Assoziation mit der Unterwelt war dieser Halbgott gerade für den Bestattungskontext geeignet. Robert Milburn schreibt:

---

[72] Snyder, *Pacem*, 122.

[73] Zum Verhältnis des antiken Christentums zur Sonne und Sonnenverehrung ist die Untersuchung von Wallraff, *Christus*, besonders aufschlussreich. Wallraff schreibt zu Konstantin: "Es handelt sich um den Versuch, die Sonnenreligion so ins Abstrakt-Diffuse zu weiten, dass auch das Christentum unter dem Dach einer solchen einheitlichen religiös-politischen Staatsideologie noch Platz finden konnte" (130–1). Ich danke Judith Hagen für diesen Hinweis.

[74] Das Motiv begegnet auf einem Mosaik im Mausoleum der Giulii im Vatikan, das ins dritte Jahrhundert datiert wird, siehe dazu Webb, *Churches*, 18: Christus ist dort mit einem strahlenden Heiligenschein auf einem Pferdegespann abgebildet.

[75] Zu Orpheus Darstellungen im Christentum siehe besonders Milburn, *Art*, 25, 151, 239, 284.

"Naturally enough, scruples and conscience prevented the demigod Orpheus from finding a place in many Christian burial-vaults, but the fact that he occurs at all testifies to the willingness of early churchmen to adapt for their own purposes the best known and most attractive emblems of virtue and hope".[76]

Christus als Orpheus begegnet auch als Elfenbeinskulptur und als Fresko in einer koptischen Kirche des sechsten Jahrhunderts in Ägypten.[77] Im jüdischen Kontext verkörpert Orpheus König David in einer Synagogue in Gaza-Maiumas aus dem sechsten Jahrhundert. Werlin sieht darin "[a] symbolic reference to eschatological redemption", die angeblich mit Orpheus, David, und Christus assoziiert wurde.[78] Orpheus war für frühbyzantinische Juden und Christen in multikulturellen städtischen Kontexten ein attraktives künstlerisches Symbol, da die Figur den Einwohnern aus der Mythologie bekannt und deshalb bedeutungsträchtig war. Werlin schreibt: "The occasional use of the same figure to depict Christ suggests that Jews and Christians (and "pagans") used the same symbolic language, in which the Orpheus figure professed an eschatological and messianic meaning".[79]

Ein weiteres Beispiel für die Aufnahme griechischer mythologischer Motive in der jüdischen und christlichen Kunst der Spätantike ist die Figur der Aphrodite, die traditionell Schönheit und Erotik verkörperte. Wie die Mythen von Leda und dem Schwan und Orpheus werden auch die mit Aphrodite verbundenen narrativen Traditionen von Theatervorstellungen her bekannt gewesen sein.

---

[76] Siehe ibid. 32.

[77] Ibid. 151 und 239.

[78] Werlin, *Synagogues*, 250.

[79] Ibid. 251. Zu dem Gaza-Maiumas Mosaik siehe auch Barash, "David".

Während Aphrodite-Statuen in der Spätantike weiterhin öffentliche Plätze und Gebäude zierten, gingen die paganen kultischen Konnotationen zunehmend verloren.[80] So konnten Juden und Christen die Figur mit ihrern eigenen Bedeutungen füllen. Im Christentum konnte Aphrodite weiterhin Liebe (und Ehe) ausdrücken. Papagiannaki schreibt: "It is clear that throughout the Christian centuries, Aphrodite still made her presence felt in more ways than one".[81] Das gleiche gilt für Aphrodite im jüdischen Kontext. Die rabbinische Erzählung von Rabban Gamliels Gespräch mit einem Philosophen im Bad der Aphrodite in Akko (Mischnah Avodah Zarah 3:4) weist auf die Negierung der kultischen Bedeutung der Statue hin.[82] Auf dem Hintergrund dieser Entwicklung konnte die Figur dann künstlerisch in die Gestaltung von Mosaikfußböden zumindest von privaten Villen aufgenommen werden, wie zum Beispiel in Sepphoris, wo die Abbildung der sogenannten "Mona Lisa" mit einem Eros an ihrer Seite auf dem Vorbild der Aphrodite zu beruhen scheint.[83]

Der Gebrauch griechischer mythologischer Motive in der jüdischen und christlichen Kunst der Spätantike – und ihre Kombination mit biblischen Motiven in Synagogen, Kirchen, und Bestattungskontexten – weist auf die tiefgreifende und langfristige Bedeutung des Hellenismus hin, ein Einfluss, der in der christlichen Kunst des Mittel-

---

[80] Siehe Papagiannaki, "Aphrodite", 346.

[81] Ibid.

[82] Zu dieser Erzählung siehe Schwartz, "Gamaliel", und idem, "Rabbi".

[83] Zur Interpretation der "Mono Lisa" im Dionysos-Mosaik in Sepphoris als Aphrodite siehe Hezser, "Study", 288. Zur Rezeption der Aphrodite im spätantiken Judentum siehe Visotzky, *Aphrodite*, 125–9.

alters und der Renaissance weiterhin zu spüren ist. Jás Elsner hat auf die Bedeutung der griechischen Kultur für die römische und christliche Identität hingewiesen:

> "First, the way the sarcophagi adapted Greek mythology to a Roman context gives the richest visual instance of the more general Hellenization of the empire's ways of life. The myths were not merely told and retold, but ... demanded an involvement, an active retelling from their viewers. Thus, Greek culture was not so much imposed on, as elicited from, its Roman viewers: it became part of their identity. Second, in the specific case of Christianity from the early third century onwards, the images of sarcophagi, catacombs and (later) mosaics spread more than just the narratives of an unfamiliar scripture ...".[84]

Durch die Kombination von mythologischen und biblischen Motiven und Szenen, d.h., durch die Aneignung und den kreativen Gebrauch überkommener Traditionen, haben sowohl Juden als auch Christen der Spätantike ihre jeweils eigenen Glaubensinhalte und Identitäten zum Ausdruck gebracht und neu definiert.

[84] Elsner, *Rome*, 147.

4. Künstlerische Symbole und Gruppenidentität: Kreuz und Menorah

Bestimmte von Juden und Christen in der Spätantike benutzte Symbole kehren immer wieder und scheinen dem Ausdruck religiöser Gruppenidentität gedient zu haben. Jeder, der diese Symbole sah, wird das entsprechend markierte Objekt oder den gesamten Raum als jüdisch oder christlich identifiziert haben. Dies mag nicht immer der Fall gewesen sein, sondern sich erst im Laufe der Zeit durchgesetzt haben. Am Anfang mögen die Symbole als gleichbedeutend neben anderen benutzt worden sein und eine Reihe von Bedeutungen gehabt haben. Erst im Laufe der Zeit und im Zuge ihres wiederholten Auftretens werden sie zu einem Emblem geworden sein, das eine bestimmte Gruppenidentität repräsentierte.[1] Diese emblematische Bedeutung ist für das christliche Kreuz bis heute erhalten geblieben. Der Davidstern bzw. das "Schild" Davids (*Magen David*) gewann dagegen erst unter den Kabbalisten des Mittelalters an Bedeutung und wird erst seit der Neuzeit als Symbol für die Zugehörigkeit zum Juden-

[1] Das Emblem wird im Cambridge Dictionary (online) folgendermaßen definiert: "a picture of an object that is used to represent a particular person, group, or idea", http://dictionary.cambridge.org/dictionary/english/emblem (angesehen am 31.5.17). Der Stab des Asklepius, mit der um ihn gewundenen Schlange, galt in der Antike als Emblem der Ärzte und der Medizin, siehe Cavanaugh, *Hippocrates' Oath*.

tum verwendet.[2] In der Antike waren dagegen religiös-kultische Gegenstände wie Lulav (Palmzweig) und Etrog (Zitrusfrucht), die am Sukkotfest zum Einsatz kamen, und insbesondere die Menorah, der siebenarmige Leuchter, die wichtigsten jüdischen Symbole.

Louisa Twining erklärt den Unterschied zwischen einem Symbol und einem Emblem folgendermaßen: Ein Symbol kann als Emblem benutzt werden aber ein Emblem nicht als Symbol; allerdings kann ein Zeichen sowohl Symbol als auch Emblem sein, je nachdem womit es assoziiert wird: "the Sword is the Symbol of martyrdom and the peculiar Emblem of St. Paul".[3] In ethnographischen Kontexten benutzen Gruppen manchmal auch bestimmte Melodien oder Muster als Embleme ihrer Gruppenidentität.[4] Im Unterschied zu Symbolen werden Embleme wiederholt mit bestimmten Personen oder Gruppen in Verbindung gebracht, sodass sie im Bewusstsein des Betrachters automatisch mit ihnen assoziiert werden. Es kann allerdings Jahrhunderte dauern bis Symbole emblematische Bedeutung erlangen, und der genaue Zeitpunkt ist oft nicht genau auszumachen.

George Willard Benson zufolge kann nicht mehr festgestellt werden, wann das Kreuz zum ersten Mal als

---

[2] Die klassische Studie zum Davidstern ist Scholem, "Star". Scholem zeigte, dass dieses Symbol erst im neunzehnten Jahrhundert, und insbesondere im Kontext der zionistischen Bewegung, zum jüdischen Symbol schlechthin wurde. Dazu Steven Fine, *Art*, 136–7, der auf die Flexibilität dieses Symbols hinweist: "What allowed nineteenth-century Jews of varying approaches to identify with this symbol was its flexibility, a conceptual hollowness that allowed Jewish communities and individuals to see themselves in the Magen David even when their world-views had little else in common".

[3] Twining, *Symbols*, ix.

[4] Jabbour, "Intracultural", 18.

christliches Emblem benutzt wurde.[5] Individuelle Christen mögen Kreuze in Bestattungskontexten bereits in den ersten drei Jahrhunderten in Wände oder Sarkophage eingeritzt haben. Insgesamt wurde dieses Symbol aber von Christen gemieden, da es mit Tod, Niederlage, und Verfolgung identifiziert wurde. Die früheste Darstellung der Kreuzigung Jesu ist bekanntlich eine römische Graffitizeichnung, die einen Gekreuzigten mit Eselskopf zeigt, vor dem eine Figur anbetend niederkniet.[6] Diese ironische Zeichnung wurde auf der Wand (einer Militärbaracke oder Sklavenunterkunft?) auf dem Palatinhügel in Rom gefunden und wird in die erste Hälfte des dritten Jahrhunderts datiert. Der "Künstler" macht sich offensichtlich über Christen lustig. Die griechische Inschrift lautet: "Alexamenos verehrt [oder: betet] seinen Gott [an] (*Alexamenos sebete* [korrekt: *sebbetaï*] *theon*)". Die Tatsache, dass im Römischen Reich meist gemeine Kriminelle mit der Kreuzigung bestraft wurden, mag Christen der ersten Jahrhunderte veranlasst haben, sich von diesem Symbol zu distanzieren. Benson vermutet außerdem, dass Christen es im dritten Jahrhundert, zur Zeit der Christenverfolgungen, vermieden, sich mit dem Kreuz – oder

---

[5] Benson, *Cross*, 29.

[6] Evans, *Jesus*, 71–3, Abb. 3.3 und 3.4. Evans nimmt an, dass ein Sklave diese Zeichnung angefertigt hat, die den Gekreuzigten angeblich in Sklavenkleidung darstellt. Er geht sogar so weit, zu behaupten, dass die Inschrift als Indiz für die Schreibfähigkeit von Sklaven dienen kann ("in this crude and insulting graffito we have one more indication that literacy was fairly widespread and included persons from all walks of life", ibid.73). Es gibt allerdings keine verlässlichen Hinweise darauf, dass ein Sklave für die Zeichnung und Inschrift verantwortlich ist. Die Darstellung befindet sich heute im Palatin Museum in Rom.

einem anderen Symbol – als Christen öffentlich zu erkennen zu geben.[7]

Ein Wandel setzte erst zur Zeit Konstantins ein.[8] Euseb von Cäsarea und Laktanz überliefern verschiedene Versionen der Legende von Konstantins Vision eines Kreuzzeichens vor seinem Sieg über Maxentius an der Milvischen Brücke (312 n.u.Z.).[9] Euseb zufolge erschien ihm, während er betete, ein illuminiertes Kreuz am Himmel, dass ihm den Sieg über seinen Feind verhieß (*Vita Constantini* 1.28).[10] Im Schlaf erschien ihm dann angeblich Christus mit dem Zeichen und befahl ihm, es im Kampf als Schutzschild zu benutzen (ibid. 1.29). Er ließ es von Handwerkern aus Gold und Edelmetallen herstellen (ibid. 1.30). Euseb beschreibt das Schutzschild als Siegeskranz mit den griechischen Anfangsbuchstaben des Namens "Christos", Chi Rho (XP), in der Mitte (ibid. 1.31). Das Chi Rho Zeichen wird hier sowohl mit dem Namen Christi als auch mit dem Kreuz identifiziert, wobei der griechische Buchstabe Chi (X) visuell ja als Kreuz verstanden werden kann. In Laktanz' Version der Geschichte (*De Mortibus Persecutorum* 44. 5) erscheint Konstantin ein kreuzförmiges X im Traum: *transversa X littera, summo capite circumflexo*. Seeliger übersetzt: "der quergestellte Buchstabe X wurde an der oberen Stelle umgebogen".[11] Dieses Zei-

---

[7] Benson, *Cross*, 28–9.

[8] Longenecker, *Cross*, 2.

[9] Zu den verschiedenen Versionen siehe Seeliger, "Verwendung". Laktanz' Bericht scheint der ältere zu sein. Die legendenhaften Zusätze in den späteren Versionen lassen sich literarkritisch identifizieren.

[10] Der Text befindet sich auch in Eusebs Historia Ecclesiastica 9.9.1–10. Zu den verschiedenen Versionen sowie einer Übersetzung und Einleitung siehe Cameron und Hall, *Eusebius*.

[11] Seeliger, "Verwendung", 152.

chen ist nicht mit dem Chi Rho (Christogramm) identisch, sondern es handelt sich dabei um ein Thau Rho (Staurogramm), der Abkürzung für σταυρός, Kreuz.[12]

Handelt es sich bei Eusebs und Laktanz' Darstellungen um christliche Interpretationen und Adaptionen von Zeichen und Abkürzungen, die keine dezidiert christliche Bedeutung hatten, sondern in vorkonstantinischer Zeit auch von Nichtchristen benutzt wurden? Bardill schreibt: "Even in Constantine's time there is no certainty that the chi-rho monogram had acquired a specifically Christian association".[13] Es konnte auch als Ligatur oder Abkürzung für andere, säkulare Wörter und Begriffe verwendet werden. Moeller hat das Kreuzzeichen mit dem Sonnengott und Mithraskult in Verbindung gebracht.[14] Vielleicht war Konstantin daran gelegen, Symbole zu verwenden, die von seinen heidnischen und christlichen Untertanen auf vielfältige Art und Weise interpretiert werden konnten. Von christlicher Seite her handelte es sich hierbei aber eindeutig um Propaganda für das Christentum. Euseb erwähnt, dass Konstantin von dieser Zeit an das Chi Rho Zeichen ständig benutzte und auch seinen Soldaten befahl, davon Gebrauch zu machen. Laktanz betont, dass Konstantin das Tau Rho zum göttlich legitimierten Siegeszeichen (*caeleste signum dei*) und Symbol für das

---

[12] Ibid. Zum Staurogram in christlichen Manuskripten siehe Hurtado, *Artifacts*, 135–54; idem, "Staurogram". Ich danke Timo Stickler für diese Hinweise.

[13] Bardill, *Constantine*, 220.

[14] Moeller, *Origin*, 12, weist auf ein Kreuz (*crux capitata*) auf der Wand einer Bäckerei in Pompei hin: "This may not be a matter of chance or an indication of Christian presence, for there was a close connection between the cross symbolism of Sol and the provision of bread". Er bespricht in seinem Buch weitere Beispiele für die symbolische Verwendung des Kreuzes in paganen Kontexten.

Christentum als *religio licita* machte.[15] Seeliger vermutet, "dass im konstantinischen Umfeld evtl. beide Zeichen nebeneinander verwandt wurden".[16]

Im Christentum erinnerte die Form des Kreuzes natürlich an Jesu Kreuzestod. Schon in der paulinischen Theologie wurde Jesu Tod am Kreuz mit soteriologischer Bedeutung gefüllt und auf Christen selbst bezogen, die eingeladen werden, sich mit dem Gekreuzigten zu identifizieren.[17] Ein Christ ist "mit Christus gekreuzigt" (Gal. 2:19) und wird folglich mit ihm nach seinem Tod auferstehen und von Gott errettet werden. Paulus ist bemüht, den Adressaten des Galaterbriefs Christus "den Gekreuzigten" "mit aller Deutlichkeit vor Augen" zu stellen (Gal. 3:1). Im Unterschied zu den Evangelien, die die Lehre Jesu betonen, verschiebt Paulus den Schwerpunkt der christlichen Botschaft auf Kreuzigung und Auferstehung Jesu. Er war sich den mit dem Kreuzestod verbundenen negativen Assoziationen in der römischen Welt durchaus bewusst und setzte sie rhetorisch ein: Der Fluch des Kreuzes wird für Christen zum Segen Gottes (Gal. 3:13–14).[18]

Die ambivalente Sicht der Kreuzigung Jesu, d.h. der Kreuzestod als schamhafte Art und Weise zu sterben aber gleichzeitig Ausgangspunkt für den Glauben an Jesu Auferstehung und das eigene Weiterleben nach dem Tod, wird auch in den ersten Jahrhunderten weiter vorgeherrscht haben. Die Assoziation des Kreuzes mit Tod und Errettung war besonders in Bestattungskontexten relevant. Im vier-

---

[15] Thomas, *Christianity*, 87.

[16] Seeliger, "Verwendung", 156.

[17] Zum Kreuz in der paulinischen Theologie siehe Weder, *Kreuz*; Kuhn, "Jesus"; Jensen, *Cross*, 4–6; Strecker, *Theologie*, 248–99.

[18] Zur Kreuzigung in der Antike als Kontext für Paulus' Theologie siehe Hengel, "Mors"; idem, *Crucifixion*; Shi, *Message*, 20–52.

ten und fünften Jahrhundert begegnet das Chi Rho Kreuz (*Labarum*) vermehrt auf christlichen Sarkophagen und wurde mit der Auferstehung assoziiert. Beck sieht einen Zusammenhang zur römischen triumphalen Kunst. Theologen des vierten Jahrhunderts bezeichneten Christus als *basileus* oder *kosmokrator*; die christliche Lehre wurde zum *basilikos nomos*: "Christ's death on the cross was not a painful deceit, but a victorious triumph over death".[19] Das Kreuz wurde zum Siegeszeichen, mit dem man sich nun positiv identifizieren konnte.

Auf einigen Sarkophagen des vierten Jahrhunderts ist nicht nur das Kreuz abgebildet, sondern es erscheinen dort auch verschiedene Szenen der Kreuzigungsgeschichte. Auf einem Sarkophag aus der Mitte des vierten Jahrhunderts (Lateran 171), der in der Nähe der Domitilla Katakombe gefunden wurde, erscheint die Kreuzigung in fünf Szenen: Simon, der das Kreuz trägt; Jesus mit der Dornenkrone, das Chi Rho Kreuz mit römischen Soldaten darunter (Abb. 11), die Festnahme Jesu, und Pilatus, der seine Hände wäscht.[20] Die Szenen folgen nicht chronologisch der Passionsgeschichte, sondern ihre Anordnung ist eher stilistisch bedingt. Offensichtlich sollte das Kreuz den Mittelpunkt, nicht das Ende der Darstellung bilden.

Longenecker zufolge war Konstantin für die Einführung des Kreuzes als wichtigstem christlichem Symbol verantwortlich. Konstantin benutzte angeblich die christliche Ideologie und das Kreuzsymbol, um sein Reich zu vereinen.[21] Die Bedeutung des Kreuzes wurde, wie schon

---

[19] Brenk, "Heritage", 43.

[20] Elsner, "Image", 366, Abb. 11.4.

[21] Longenecker, *Cross*, 2.

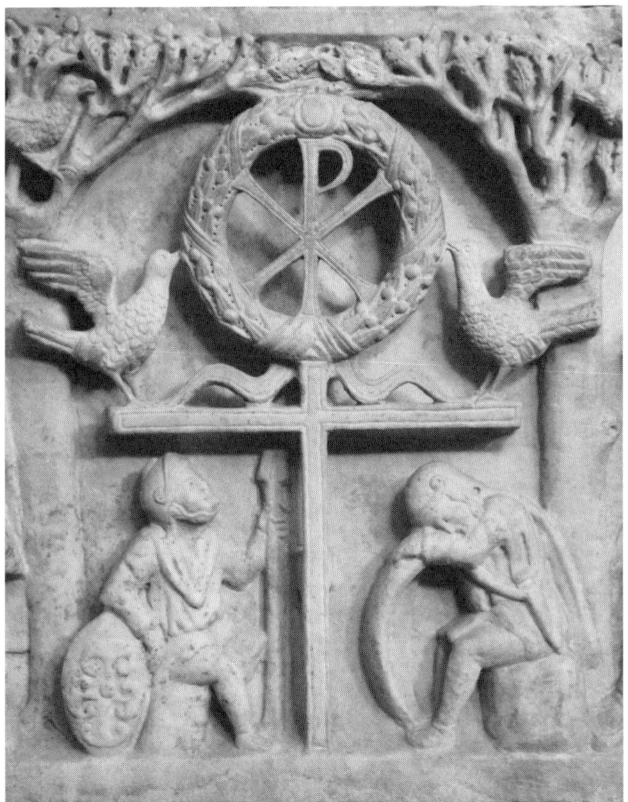

Abb. 11: Sieges-Sarkophag mit Chi Rho im Siegeskranz, Museo Pio Cristiano, Vatikanische Museen, Rom. Mit freundlicher Genehmigung von Florian Durner.

oben erwähnt, durch fantastische Legenden unterstützt: Konstantins Vision des Kreuzes vor seinem Sieg an der Milvischen Brücke; seine Mutter Helena, die angeblich auf ihrer Reise ins "Heilige Land" im Jahre 326 das bei der Kreuzigung Jesu benutzte Kreuz gefunden hat.[22] Die Bedeutung des Symbols wurde mythologisch aufgeladen. Die späteren byzantinischen Herrscher setzten diese Strategie fort. Das Chi Rho Kreuz wurde zum Symbol der politischen und militärischen Macht byzantinischer Herrschaft und zum Ausdruck des Triumphs des Christentums über andere Religionen. Longenecker schreibt: "The symbol of the simple cross was adapted to play a significant role in the accumulation of political power".[23]

Die Verbindung von Kreuzsymbol und politischer Macht kommt auf den unter Konstantin, Konstantius, Magentius, Valens, Arkadius und anderen byzantinischen Herrschern herausgegebenen Münzprägungen zum Ausdruck, die alle das Chi Rho Symbol mit dem Herrscher und seiner militärischen Macht assoziieren. Oft erscheint das Kreuz auf einem Banner, das Soldaten mit in den Krieg führen. Daneben sind kriegsgefangene Feinde abgebildet. Auf einer in Antiochien geprägten Münze des Arkadius aus den Jahren 401–404, auf der auf der Vorderseite seine Gattin Eudoxia abgebildet ist, zeichnet auf der Rückseite die Siegesgöttin ein Chi Rho Kreuz auf ein Schild.[24] Münzen des Theodosius und Theodosius II aus dem fünften Jahrhundert haben lediglich ein von einem Siegeskranz umrahmtes Kreuz auf der Rückseite.

Wie konnte das Kreuz als Ausdruck des schmachvollen Todes Jesu und der Machtlosigkeit der frühen Christen zu einem Zeichen politischer Macht mutieren? Warum wähl-

[22] Zu Helena-Legende siehe Drijvers, *Helena*, 95: die älteste Quelle ist Ambrosius, De Obitu Theodosii (395 n.u.Z.).

[23] Longenecker, *Cross*, 3.

[24] Siehe hierzu http://augustuscoins.com/ed/Christian/ChristianTable7.html, angesehen am 7.6.17.

ten die frühbyzantinischen Kaiser gerade das Kreuz als Ausdruckszeichen ihres Sieges, obwohl es unter Römern mit negativen Assoziationen verbunden war? Vielleicht war es gerade dieser Kontrast, der für die Wahl ausschlaggebend war. Mit dem Kreuz als Zeichen für Jesu Kreuzestod und christlichem Leid während der Christenverfolgungen konnten sich die christlichen Massen identifizieren. Es war ein anti-römisches Symbol, denn die Römer waren ja für Jesu Tod und die Christenverfolgungen verantwortlich gewesen. Mit der Wahl des Kreuzes distanzierten sich die byzantinischen Herrscher von der anti-christlichen Vergangenheit ihrer römischen Vorgänger, ein Vorgang, der umso wichtiger war, als sie doch selbst römische Kaiser waren. Durch die Umwandlung des Kreuzes in ein Siegeszeichen gelang ihnen ein genialer Zug, der es ermöglichte, Christen für sich zu gewinnen.

Diese Strategie ist vergleichbar mit derjenigen der früheren römischen Kaiser, wie zum Beispiel Caracalla, die auf der Rückseite ihrer Münzen die siegreiche Göttin Venus abbildeten. Auf einer Münze Gordians, die im Jahre 238 in Rom geprägt wurde, ist auf der Rückseite eine die Stadt Rom personifizierende Figur, die auf einem Schild sitzt und ein Szepter und eine Siegesfigur in ihren Händen hält, abgebildet. Eine Münze des Commodus aus dem Jahre 184 zeigt eine geflügelte Figur mit einem Schild, unter dem in kleinerem Format Kriegsgefangene abgebildet sind. Die byzantinischen Herrscher setzten also die traditionelle Art und Weise, Macht auszudrücken, fort und ersetzten pagane Symbole durch das nun eindeutig christliche Chi Rho.

Nach dem das Kreuzessymbol von den byzantinischen Herrschern positiv aufgewertet worden war, hielt es auch Einzug in christliche Kirchen. Wie Robin Jensen betont hat, erscheint nicht nur das Chi Rho sondern auch das einfache Kreuzsymbol vom fünften Jahrhundert an oft in der christlichen Kunst:

> "The vaults of small chapels or mausolea had such crosses in gold mosaic against stary night skies. Crosses appeared mounted on empty thrones, held by the Good Shepherd, the Lamb, Peter, and other saints and martyrs; studded with jewels and planted on the rocky mount from which the four rivers flowed; or surrounded with a bust of Christ".[25]

Eine in Shavei Zion ausgegrabene Kirche aus dem fünften und sechsten Jahrhundert zeigt ein einfaches Kreuz auf der nordöstlichen Seite des Mosaikfußbodens.[26] Ein einfaches Kreuz auf einem Mosaikfußboden wurde auch bereits von Charles Clermont-Ganneau in der Nähe von Modi'in gefunden. Dem Archäologen Amit Rem zufolge handelt es sich hierbei aber nicht um eine Kirche, sondern um ein für Bestattungen genutztes Gewölbe: "It is the only Byzantine-era site where a cross decorates the floor of a burial vault".[27] Eine bedeutende Persönlichkeit mag hier bestattet worden sein. Ob es sich um eine Stelle handelt, die byzantinische Christen mit den Gräbern der Makkabäer identifiziert haben, muss aber ungewiss bleiben.[28]

---

[25] Jensen, *Understanding, 150.*

[26] Siehe dazu http://www.biblewalks.com/Sites/shavey_zion.html, angesehen am 7.6.17.

[27] Siehe dazu den Daily Mail Artikel in http://www.dailymail.co.uk/sciencetech/article-3244011/Is-tomb-Maccabees-Byzantine-cross-Modi-vault-suggests-resting-place-famed-Jewish-rebels.html, angesehen am 7.6.17.

[28] Die Ausgrabungsstätte Horbat ha-Gardi im Bet Shemen Wald bei Jerusalem wurde in der Vergangenheit mit den Gräbern der Makkabäern identifiziert, siehe ibid.

Das Kreuzsymbol drang aber in der frühbyzantinischen Zeit nicht nur in Kirchen und Begräbnisstätten ein, sondern wurde auch von einzelnen Christen als Halsschmuck oder Ring getragen. Aus Gold und anderen Metallen gefertigte Kreuzanhänger erscheinen im fünften bis siebten Jahrhundert, ebenso mit Kreuzen verzierte Ringe.[29] Das Symbol mag in diesem Kontext apotropäische Bedeutung gehabt haben, d.h. ähnlich wie Amulette zum Schutz vor Krankheit, Tod, und Feinden getragen worden sein. Außerdem diente der Kreuzschmuck dazu, Christen als solche zu identifizieren. Seit das Christentum unter Theodosius Staatsreligion geworden war, werden Christen daran interessiert gewesen sein, sich öffentlich als Christen auszuweisen und Glaubensgenossen erkennen zu können. Das Kreuz wurde zum Emblem christlicher Identität, das den einzelnen Christen auch mit der staatstragenden byzantinischen Macht verband. Indem man das Kreuzsymbol am eigenen Körper trug, identifizierte man sich nun als Teil der dominanten christlichen Mehrheit des byzantinischen Reichs.

Bevor ich mich der Frage nach entsprechenden jüdischen Symbolen zuwende, ist nach dem Verhältnis des Kreuzes zu dem älteren christlichen Symbol des Fisches zu fragen. Die Fischsymbolik geht wohl auf Jesu Wort von den "Menschenfischern" und Simon Petrus und Andreas als Fischer (Matth. 4:18–19) zurück. Außerdem ist das griechische Wort für Fisch (ΙΧΘΥΣ) ein Akronym für Jesus Christus (Ἰησοῦς Χριστός Θεοῦ Υἱός Σωτήρ). Fische begegnen bereits im dritten Jahrhundert in christlichen Bestattungskontexten. Außerdem sind sie auf Mosaikfußböden abgebildet, wie demjenigen einer von Archäologen

[29] Jensen, *Understanding*, 151.

in das (späte) dritte Jahrhundert datierten Kirche in Megiddo, wo sich ein Lager der römischen Armee befand.[30] Das Mosaik wurde in einem Seitenraum der römischen militärischen Festung der sogenannten *Legio II Traiana* und der *Legio VI Ferrata* gefunden. Eine griechische Mosaik-Inschrift identifiziert die Stifter als Christen: "Die Gott-liebende Akeptous hat den Tisch dem Gott Jesus Christus als Weihgabe gegeben"; "Gaianus, auch Porphyrius genannt, Centurion, unser Bruder, hat den Fußboden aus eigenen Kosten hergestellt als freigiebige Tat. Brutius hat die Arbeit ausgeführt".[31] Die Tatsache, dass Jesus Christus hier als "Gott" identifiziert wird, mag seltsam erscheinen. Die Formulierung weist wohl auf Christen paganer Herkunft, die römischen soldatischen Familien angehörten, hin.

Stroumsa hat darauf hingewiesen, dass die erste literarische Erwähnung von ΙΧΘΥΣ, dem Akronym für Christus, im zweiten Jahrhundert, am Anfang von Tertullians Traktat über die Taufe, erscheint: Christen werden dort als "kleine Fische" bezeichnet, die Nachfolger des ΙΧΘΥΣ, Christus sind.[32] Fische begegnen natürlich auch in paganen und jüdischen Kontexten und können eine ganz pragmatische Bedeutung haben. Auf den Zodiakmosaiken spätantiker Synagogen (e.g., Hammat Tiberias) begegnen Fische als Sternkreiszeichen. Auf Fußbodenmosaiken der sogenannten Piazzale delle Corporazioni in Ostia Antica weisen Fische auf Fischhändler oder Schiffahrtsunternehmen hin (Abb. 12). In Villen symbolisieren Fische die

[30] Zur Datierung siehe Tzaferis, "Inscribed".

[31] Siehe hierzu https://gatesofnineveh.wordpress.com/2012/04/20/christians-in-the-roman-army-countering-the-pacifist-narrative, angesehen am 7.6.17.

[32] Strouma, "Fish", 199.

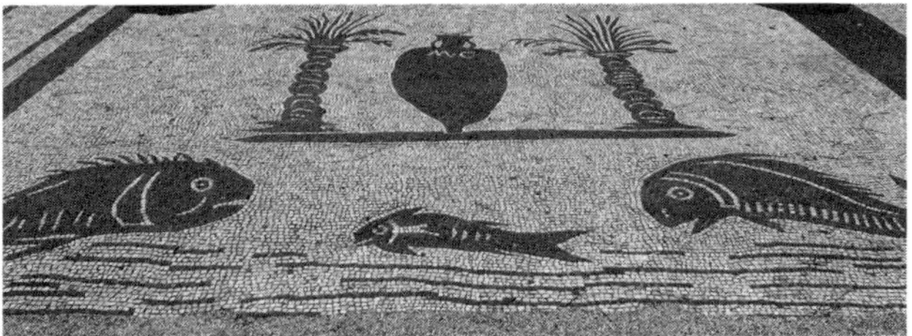

Abb. 12: Mosaikfußboden mit Fischen, Piazzale delle Corporazioni in Ostia Antica.

in einer Hafenstadt vorherrschende Diät. So schreibt Douglas Boin:

> "Mosaic depictions such as cups and fish at Ostia, for example, were once interpreted as proof of the town's Christian residents. Today, those images have been shown to be more multivalent than once believed. Like the fish platter served to Aeneas in the illuminated *Roman Virgil* ..., Ostia mosaics used similar generic symbols to convey an ethos of wealth and power ... They say little, if anything, about the religious identities of the people in the house".[33]

Im antiken Mittelmeerraum symbolisierten Fische generell Wohlstand. Die Vielzahl von Fischen im Meer diente Rednern als rhetorische Figur. Culpepper glaubt deshalb, dass die frühen Christen, die das Fischsymbol verwendeten, auf die reiche Fischsymbolik der griechisch-römischen und biblisch-jüdischen Kultur zurückgreifen konnten.[34] Die Bedeutung wurde vom jeweiligen Kontext bestimmt, in dem das Fischmotiv erschien.

---

[33] Boin, *Ostia*, 39.

[34] Culpepper, "Designs", 395–6.

Gerade wegen des weiten Gebrauchs war das Fischmotiv nicht gleich als christliches Motiv erkennbar. Es eignete sich deshalb nicht als Symbol für das Christentum und seinen "Triumph" über andere Religionen. Andererseits wurde dieses Motiv auch in der frühbyzantinischen Zeit weiterhin benutzt. Es erscheint insbesondere im Zusammenhang mit der Taufe, und wurde auch von Kirchenvätern mit der Taufe assoziiert.[35]

Gab es ein dem Kreuz entsprechendes, jüdische Identität ausdrückendes Symbol in der Antike? Symbole, aufgrund derer sich Inschriften und Mosaike als jüdisch identifizieren lassen, sind Lulav (Palmzweig), Etrog (Zitrusfrucht), Schofar (Widderhorn), Räucherschaufel, und Menorah. Diese Symbole umranden ein stilisiertes Gebäude, das den Tempel darstellen mag, auf Mosaikfußböden spätantiker Synagogen, wie etwa in Sepphoris und Hammat Tiberias. Sie gelten als typisch jüdische Symbole, da sie keine Entsprechung in der nichtjüdischen Kultur der Antike hatten und mit jüdischen religiösen Praktiken verbunden waren.

Lulav und Etrog gehören zu den sogenannten vier Arten, die bereits in Levitikus 23:40 mit dem Sukkotfest assoziiert werden: "Am ersten Tag nehmt schöne Baumfrüchte (Etrog), Palmwedel (Lulav), Zweige von dicht belaubten Bäumen und von Bachweiden und seid sieben Tage lang vor dem Herrn, eurem Gott, fröhlich". Die verschiedenen Zweige werden traditionell mit dem Lulav verbunden und unter dem Begriff Lulav vereint, so dass keine verschiedenen Symbole für jede einzelne Baumart notwendig sind. Der Traktat Sukkot in Mischnah und Talmud behandelt die Details des Sukkotfestes. Es ist anzu-

[35] Jensen, *Water*, 261–2.

nehmen, dass Sukkot nach der Zerstörung des Zweiten Tempels eine neue Bedeutung gewann.[36]

Warum sind gerade die mit dem Sukkotfest assoziierten Symbole in der antiken jüdischen Kunst so stark vertreten? Verschiedene Gründe mögen hierfür ausschlaggebend gewesen sein. Erstens werden die vier Arten bereits in der Hebräischen Bibel erwähnt und werden jahrhundertelang Teil der mit Sukkot verbundenen Riten gewesen sein, d. h., sie waren im Bewusstsein der jüdischen Bevölkerung fest verankert. Zweitens lassen sie sich leicht stilisieren und visuell darstellen. Drittens bezogen sie sich auf ein Fest, das eine architektonische Komponente hatte. Rubenstein schreibt: "The Sukkah stands out among all Mitzvot. It is the only commandment that involves a ritual dwelling".[37] Im Kontext eines synagogalen Mosaikfußbodens, auf dem auch ein stilisierter Tempel abgebildet ist, mag dieser architektonische Bezug von Bedeutung gewesen sein. Wie der Jerusalemer Tempel und die Laubhütte war ja auch die spätantike Synagoge ein Gebäude, das jüdischen rituellen Handlungen diente. Außerdem ist wahrscheinlich, dass Juden der Spätantike am ersten Tag des Sukkotfestes Lulav und Etrog mit in die Synagoge brachten und das Schwenken des Palmzweigs einen Platz in der Sukkotliturgie einnahm. Während der Tempel zerstört war und die Laubhütte nur für kurze Zeit als Behausung diente, war die Synagoge als religiöses Zentrum jüdischen Lebens vom vierten und fünften Jahrhundert an fest im lokalen Leben verankert. Der Vergleich mit Tempel und

---

[36] Zur Entwicklung des Sukkotfestes von der Zeit des Zweiten Tempels bis in die rabbinische Zeit siehe Rubenstein, *History*.

[37] Rubenstein, "Symbolism", 371.

Laubhütte konnte den Betrachtern also die Bedeutung der Synagoge selbst verständlich machen.

Die Räucherschaufel und die stilisierte Darstellung des Tempels bezogen sich auf den im Jahre 70 von den Römern zerstörten Jerusalemer Tempel, der bis dahin das zentrale Heiligtum der Juden war. Die Tatsache, dass Tempelsymbole in spätantiken Synagogen abgebildet sind, Inschriften Priester erwähnen, die Synagoge als "heiliger Ort", bzw. die Stifter selbst als "heilige Gemeinde" bezeichnet werden, weist darauf hin, dass die Synagoge zu jener Zeit, d.h. im vierten bis sechsten Jahrhundert, als eine Art Fortsetzung oder Alternative zum Tempels angesehen wurde. Die Konkurrenz der christlichen Kirchen im "Heiligen Land" mag diese Entwicklung veranlasst haben. Die Aufnahme von Tempelsymbolik in Synagogenmosaiken unterstützte den jüdischen Anspruch, dass Synagogen, nicht Kirchen, die wahren Heiligtümer und Orte der Anwesenheit Gottes waren. Dieser Anspruch kommt auch in rabbinischen Texten zum Ausdruck, die die *Schekhinah* in Synagogen lokalisieren.[38]

Die Menorah war, Rachel Hachlili zufolge, das antike jüdische Symbol schlechthin.[39] Sie erscheint bereits auf Münzen aus hasmonäischer Zeit (z.B. auf der Münze des letzten hasmonäischen Königs Mattathias Antigonus, 40–37 v.u.Z.). Außerdem ist sie auf zahlreichen *graffiti* und *dipinti* in Israel und der Diaspora, in privaten und öffentlichen Kontexten abgebildet.[40]

---

[38] Zu diesen Verbindungen zwischen Tempel und Synagoge siehe Branham,"Sacrality", 334–5.

[39] Hachlili, "Menorah", 207. Die wohl ausführlichste Studie zur Menorah in der Antike ist eadem, *Menorah*.

[40] Siehe Stern, *Writing*, 30 (Jerusalem), 155–61 (Aphrodisias und Sardis), 163 (Tyrus).

Der siebenarmige Leuchter erinnerte Juden an den Jerusalemer Tempel, dessen wichtigstes Ausstattungsobjekt er war.[41] Im Tempel gehörte die Menorah (neben dem Schaubrottisch) zu den bedeutendsten kultischen Gegenständen, denen schon in der Torah Platzanweisungen gegeben werden (siehe Ex. 26:35 und 40:24–25). Josephus beschreibt die prächtige Ausstattung der Tempel-Menorah, die man sich als sehr groß und aus schwerem Gold gefertigt vorstellen muss (Ant. 3. 144–146). Die Tempelpriester zündeten die Lichter der Menorah abends und morgens als Teil des Tempelrituals an (Ex. 27:20–21; 30:7–8; Lev. 24:1–4; Num. 8:1–4). Mischnah Tamid 3:9 zufolge mussten die Priester sich auf eine Art Leiter stellen, um die Dochte zu trimmen, Öl nachzufüllen, und die Lichter anzuzünden. Dieser prächtige Gegenstand wird allen Juden bekannt gewesen und bewundert worden sein. Was genau bei der Tempelzerstörung mit der Menorah geschah, ist ungewiss. Deshalb entwickelten sich bis in die Neuzeit hinein allerlei Mythen und Gerüchte über den Verbleib der Tempelgeräte.[42] Die Menorah ist auf dem Titusbogen in Rom als Teil der Kriegsbeute dargestellt, die der römische Kaiser aus Jerusalem mitnehmen und wohl nach Rom bringen ließ. Ein rabbinischer Midrasch erzählt von einem Besuch R. Shimons in Rom, anlässlich dessen er die gestohlene Tempel-Menorah sehen konnte.[43] Trotz oder vielleicht gerade wegen des Verlustes der Tempel-Me-

---

[41] Hachlili, *Menorah*, 23; eadem, "Menorah", 208.

[42] Zu diesen Mythen siehe Fine, *Menorah,* ch. 5: "A Jewish Holy Grail".

[43] Sifre Zutta 8:2. Siehe dazu Fine, "Jewish Art", 34. David Noy nimmt sogar an, dass eine Reihe palästinischer Rabbinen "Pilgerreisen" nach Rom unternahmen, um die gestohlenen Tempelgeräte zu sehen, siehe idem, "Rabbi Aqiba". Diese Vermutung beruht jedoch

norah – und ihrer Wertschätzung durch die Römer? – wurde sie nach der Zerstörung des Tempels im Jahre 70 zum wichtigsten Symbol jüdischer Identität.

In spätantiken Synagogen war die Menorah nicht nur auf Mosaikfußböden abgebildet, sondern auch als in Stein gehauenes Relief gegenwärtig, wie zum Beispiel auf einem Säulenkapitel in Ostia. Hachlili vermutet, dass die Menorah auch als Kultusgerät Teil vieler spätantiker Synagogen war. Überreste einer in Stein gehauenen Menorah sind in einer Reihe von Synagogen gefunden worden. In Eschtemoa im südlichen Hebron-Gebirge findet sich eine Menorah auf einem Steinrelief. Ein ähnliches Relief ist Teil der Synagoge von Kapernaum; dort befinden sich an den Seiten der Menorah auch stilisierte Abbildungen der Rauchopferschaufel und des Etrogs, Symbole, die auch auf den Mosaikfußböden der sogenannten Zodiaksynagogen zu sehen sind. In der Synagoge von Katzrin in den Golan-Höhen ist eine Menorah in eine Wand eingekerbt. Im Unterschied zu diesen Reliefdarstellungen lässt sich die in Hammat Tiberias gefundene Menorah schon eher als freistehend denken. Hachlili schreibt: "It seems preferable to interpret the stone carved menorot as free-standing, and not as chancel screens, as suggested by some scholars".[44] Ein Hinweis darauf, dass Menorot in Synagogen aufgestellt waren, ist ihrer Meinung nach auch ein besonderer architektonischer Bestandteil vieler spätantiker Synagogen, nämlich das Vorhandensein von zwei Aediculae (z.B. Kapernaum, Korazim, Merot, Nabratein, Sardis) oder drei Nischen (z.B. Eschtemoa). Eine dieser Aediculae

---

auf späten Midraschtexten und dem Babylonischen Talmud und lässt sich historisch nicht bestätigen.

[44] Hachlili, *Menorah*, 199.

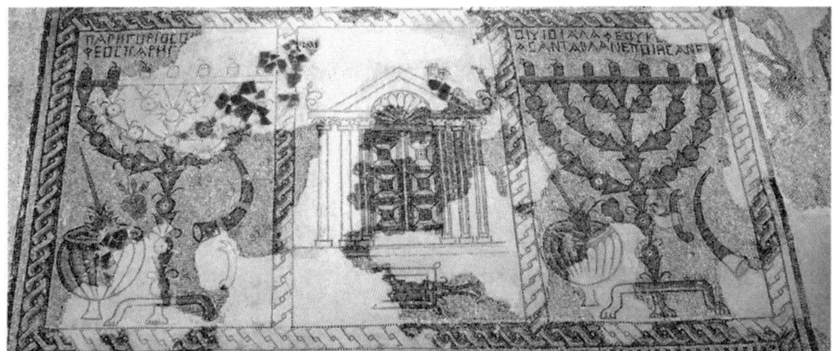

Abb. 13: Menorot auf dem Mosaikfußboden der Synagoge von Sepphoris. Mit freundlicher Genehmigung von Zeev Weiss. Photo: Gabi Laron.

oder Nischen könnte dem Aufstellen eines Gegenstandes wie der Menorah in der Nähe des Toahschreins gedient haben..[45] Man könnte fast vermuten, dass die gleichzeitige Abbildung einer Menorah auf einem Mosaikfußboden oder Relief, sowie ihr Vorhandensein als realer Kultusgegenstand, zu einem "overload" an Menorot in Synagogen geführt haben könnte. Im spätantiken Kontext der Konkurrenz zwischen Kirchen und Synagogen mag dieser "overload" jüdischer Symbolik, die an den Tempel erinnerte, aber dazu gedient haben, eine gewisse Kontinuität von Tempel und Synagoge auszudrücken und die bleibende Erwählung Israels als Gottesvolk zu betonen.

Die symbolische Bedeutung der Menorah war seit der Antike umstritten. In der antiken jüdischen Literatur werden verschiedene Bedeutungen vorgeschlagen. Philon und Josephus assoziieren die Menorah mit Licht und den Lichtkörpern des Kosmos, d.h. der Sonne und den Sternen, bzw. mit dem Himmel selbst. Philon zufolge war die

---

[45] Ibid.

Menorah an der südlichen Seite des Tabernakels aufgestellt, "since by it the maker intimates, in a figurative manner, the motions of the stars which give light; for the sun, and the moon, and the rest of the stars, being all at a great distance from the northern parts of the universe, make all their revolutions in the south" (Leben Moses 2.102).[46] Die sieben Leuchter der Menorah symbolisieren angeblich die sieben Planeten, mit der Sonne in ihrer Mitte, die den anderen Planeten Licht gibt (ibid. 103). Die Menorah als Symbol des Himmels, der Himmelskörper, und letztendlich Gottes selbst wird dem Schaubrottisch als Symbol der Erde, Nahrung, und physischen Dimension gegenüber gestellt (ibid. 104–105). Ganz ähnlich scheibt Josephus, dass die sieben Lichter der Tempel-Menorah die sieben Planeten symbolisieren (Bellum 2.5.5). Die Form der Menorah erinnert auch an den Lebensbaum.[47] Für rabbinische Juden nach 70 konnte die Menorah, bzw. ihr zentraler Leuchter, das "Licht" der Torah symbolisieren oder die *Schekhinah*, die Präsenz Gottes auf Erden.[48] Besonders ihre Nähe zum Torahschrein in spätantiken Synagogen würde diese Assoziation nahelegen. Auch der Paytan Yannai (siebtes Jahrhundert) nahm in seinen liturgischen Dichtungen auf die Menorah Bezug. Die Bedrängnis der Juden durch die byzantinische Kirche wird in seinem Gedicht über die zerbrochenen "Lichter Zions" zum Ausdruck gebracht. In einer Zeit der christlichen Zerstörung von Synagogen symbolisierte die Menorah den jüdischen

---

[46] Übersetzung mit Yonge: http://earlyjewishwritings.com/text/philo/book24.html, angesehen am 11.4.18.

[47] Meyers, *Tabernacle;* Long, "Ashera". Leet, *Kabbalah*, 42, vermutet, dass das kabbalistische Model der zehn Sefirot auf die Form der Menorah zurückzuführen ist.

[48] Siehe auch Hachlili, *Synagogues*, 323; eadem, *Menorah*, 206.

Kult schlechthin, dessen Kontinuität gefährdet war.[49] Fine weist auf die Abbildung einer Menorah, eines Lulavs und Schofars auf einer (ursprünglich zu einer Synagoge gehörenden?) Gebäudesäule in Laodicea in Kleinasien hin. Dort ist über der Menorah von Christen ein Kreuz eingeritzt worden.[50] Die Überzeichnung mag den byzantinischen Anspruch der Überlegenheit des Christentums über das Judentum ausdrücken und auf den Gebrauch von (Teilen der) Synagogen für christliche Zwecke hinweisen.

Bereits im dritten Jahrhundert begegnet die Menorah sowohl in Israel als auch in der Diaspora in Bestattungskontexten: als Wandrelief, Wandmalerei, Sarkophagrelief, und auf Inschriften. In den Katakomben von Bet She'arim ist die Menorah mehrmals als Wandrelief abgebildet. In Rom, in den jüdischen Katakomben unterhalb der Villa Torlonia, erscheint sie wiederholt als Wandmalerei.[51] Auf einer anderen Wandmalerei erscheint die Menorah eingerahmt in zwei Kreisen. Anderswo umrahmen zwei Menorot die stilisierte Abbildung des Tempels oder Torahschreins.[52] Dieses Schema ähnelt demjenigen des Fußbodenmosaiks der Bet She'an Synagoge aus dem sechsten Jahrhundert.[53] In beiden Fällen sind neben den Menorot weitere jüdische Symbole abgebildet: Lulav und Etrog in der Katakomenmalerei in Rom; Schofar und Rauchopfer-

---

[49] Dazu Fine, *Menorah*, 55.

[50] Ibid.

[51] Hachlili, *Menorah*, 255.

[52] Dieses Fresko ist farblich gestaltet, siehe Fine, *Menorah*, 62–3: "Some of the most important evidence for menorahs in color comes from Rome, where a wall painting of the Jewish catacomb below the Villa Torlonia ... shows a menorah in shades of green and black".

[53] Siehe Brilliant, "Jewish Art", 80, Abb. 66 und 67, wo die beiden Darstellungen einander gegenübergestellt werden.

schaufel auf dem Mosaik in Bet She'an. Die Begleitmotive scheinen variabel gewesen zu sein. Auf dem Mosaik der Synagoge in Jericho ist die Menorah von Lulav und Schofar umrahmt (und mit der Unterschrift "*Schalom al Yisrael*" versehen). Auf einem in einer Basilika in Priene (Ionien) gefundenen Steinrelief (3.–4. Jh.) erscheinen neben der Menorah Lulav (zweimal), Etrog, und Schofar. Zumindest im Hinblick auf die künstlerischen Motive und Symbole scheint es also in der Spätantike einen regen Austausch – oder zumindest überraschende Übereinstimmungen – zwischen dem Land Israel und der Diaspora gegeben zu haben.[54] In beiden Regionen war die Menorah das zentrale Symbol, dem weitere aus dem jüdischen Kult stammende Motive untergeordnet waren. Diese Verbindung scheint über mehrere Jahrhunderte hinweg konstant geblieben zu sein.

Menorot erscheinen auch als Reliefs auf jüdischen Sarkophagen. Besonders interessant ist ein in Rom gefundener Sarkophag, auf dem zwei Figuren abgebildet sind, die eine in einen Ring eingefasste Menorah tragen.[55] Unter ihnen zertreten junge Satyre Weintrauben, ein typisches dionysisches Motiv. Sowohl der Herkunftsort als auch die Datierung dieses Sarkophags sind ungewiss.[56] Brilliant hat bereits darauf hingewiesen, dass die Menorah das einzige jüdische Element in dieser Darstellung ist.[57] Das Bildschema ist von römischen Sarkophagen her bekannt. Auf

---

[54] Im Unterschied zum rabbinischen Judentum, das scheinbar nur im Nahen und Mittleren Osten Fuß fassen konnte, siehe Edrei und Mendels, *Diaspora*.

[55] Toynbey, 63 (Photo). Siehe auch http://www.bibleorigins.net/VictoryNikeCherubimAngels.html, angesehen am 16.6.2017.

[56] Museo Nazionale Romano, Rom, Katalog-Nr. 16.

[57] Brilliant, "Jewish Art", 84 (Abbildung ibid. 85).

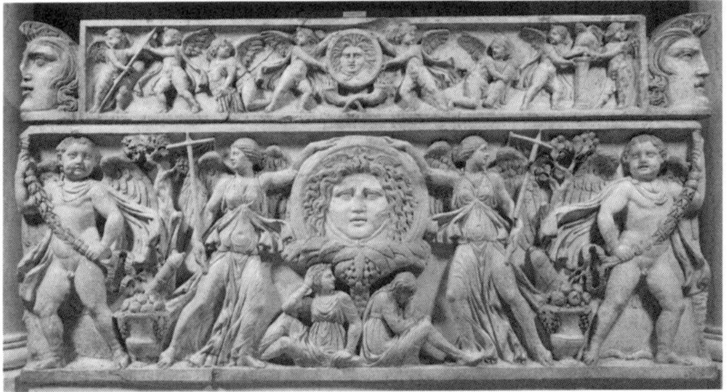

Abb. 14: Römischer Sarkophag unbekannter Provenienz mit Medusa im Siegeskranz.

einem Sarkophag vom Anfang des dritten Jahrhunderts, dem sogenannten Sieges-Sarkophag, ist auf dem Schild, das von Siegesgöttern getragen wird, ein Medusakopf abgebildet (Abb. 14). Darunter sind Kriegsgefangene zu sehen. Die Darstellung soll wohl den Sieg über den Tod ausdrücken. Sollten die jüdischen Auftraggeber des obengenannten Menorah-Sarkophags aus dem vierten (oder fünften) Jahrhundert die Menorah als spezifisch jüdisches apotropäisches Symbol oder Siegeszeichen verstanden haben? Und könnte die Abbildung vielleicht sogar als Gegenstück zu frühbyzantinischen Darstellungen des Kreuzes auf Konstantins siegreichem Schild verstanden worden sein? Das Chi Rho Kreuz ist auch oft in einen Kreis bzw. Kranz eingefasst, der wohl ein Schild oder einen Siegeskranz symbolisieren soll (siehe Abb. 11). Ein Kreuzzeichen in einem Kreis, das von geflügelten Figuren getragen wird, erscheint auch auf christlichen Sarkophagen, wie etwa demjenigen aus Konstantinopel, der um 400 n.u.Z.

entstanden ist.[58] Die Menorah ist auf dem jüdischen Sarkophagrelief also ganz strategisch als Ersatz für den pagan-römischen Medusenkopf als auch für das christliche Siegeskreuz platziert. Sie symbolisiert damit nicht nur den individuellen Sieg über den Tod, sondern auch den Fortbestand und die Überlegenheit des Judentums über Paganismus und Christentum.

Auf Grabinschriften dient die Menorah oft als Mittel, um diese Inschriften als jüdisch zu identifizieren. Pieter van der Horst hat jedoch gegen voreilige Rückschlüsse gewarnt: "Even the use of the *menorah* as a decoration is not sufficient evidence since there are several examples of Christian inscriptions with a *menorah* as decoration".[59] Er schlägt vor, immer noch ein zweites Kriterium wie den Kontext, die Sprache, Namen, oder das Vorhandensein weiterer jüdische Symbole hinzuzuziehen. Eine griechische Grabinschrift, die in den Via Portuense Katakomben in Rom gefunden wurde und wohl ins dritte bis vierte Jahrhundert zu datieren ist, erwähnt einen "Judas" in der *tabula ansata*.[60] Ausser den zwei Menorot sind Vögel (Tauben?), (Öl?-)Flakons, und links wohl auch ein kaum mehr erkennbarer Etrog und Lulav abgebildet. Die Monteverde Katakomen an der Via Portuense sind als jüdische

---

[58] Siehe https://en.wikipedia.org/wiki/Sarcophagus#/media/File:Constantinople_Christian_sarkophagus_circa_400.jpg (angesehen am 28.8.2018).

[59] Van der Horst, *Saxa*, 12 und ibid. Anm. 50. Die dort gegebenen Beispiele kombinieren allerdings Menorah und Kreuz. Ob die mit einer Menorah versehene Sarkophaginschrift CIJ 693b jüdisch oder christlich ist, ist umstritten. Hachlili, *Menorah*, 269, datiert den christlichen Gebrauch der Menorah zumindest in Kirchen erst ins Mittelalter: "The history of the use of the Menorah in Christian churches can be traced to about 800 CE (...)".

[60] Vatikan 17584.

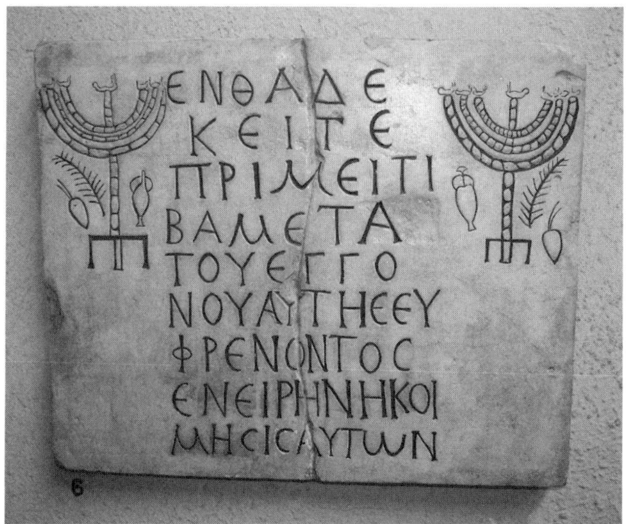

Abb. 15: Auf Griechisch verfasste jüdische Inschrift mit Menorot und weiteren jüdischen Symbolen, Museo della Civiltà Romana, Rom. Photo: Giovanni Dall'Orto.

Katakomben bekannt.[61] Insofern liegen hier eine Reihe von Indizien vor, um die Inschrift als jüdisch zu identifizieren. Auch der Grabstein einer gewissen "Aster" (= Esther), der außer dem Namen der Verstorbenen eine zentral plazierte Menorah und Vögel abbildet, mag aus den jüdischen Katakomben an der Via Portuense stammen.[62] Zwischen den Vögeln an der linken Seite ist ein Baum abgebil-

[61] Zu diesen Katakomben siehe Dello Russo, "Monteverde" http://www.catacombsociety.org/wp-content/uploads/2015/04/The_Monteverde_Jewish_Catacombs_on_the_v.pdf, angesehen am 19.7.17.

[62] Vatikan 30825.

det und rechts neben der Menorah ein Etrog. Die Darstellung mag das Paradies symbolisieren bzw. die himmlischen Gefilden, in denen die Verstorbene zu verweilen geglaubt wird.

Dieses Schema, d.h., die Verbindung einer zentral platzierten Menorah mit weiteren jüdischen Motiven, scheint von römischen Juden im dritten und vieren Jahrhundert wiederholt verwendet worden zu sein, um die jüdische Identität des oder der Verstorbenen auszudrücken. Besonders wenn die Namen der Verstorbenen nicht jüdisch waren und die Sprache der Inschrift griechisch, wird das Bedürfnis bestanden haben, spezifisch jüdische Symbole zu verwenden, um Jüdischkeit auszudrücken. Auf einer griechischen Inschrift im Andenken an "Primitiva und Euphrainon", die möglicherweise aus Trastevere stammt, sind neben den beiden Menorot jeweils Lulav, Etrog, und ein Gefäss (Ölflakon?) abgebildet (Abb. 15).[63] Ohne diese Symbole könnte man die Verstorbenen für Nichtjuden halten. In den Vigna Randanini Katakomben in Rom markiert eine grosse gemalte Menorah die Grabstätte als jüdisch.[64] Aber auch individuelle Grabsteine tragen hier eine Menorah, wie zum Beispiel derjenige der vierjährigen Neppia Marosa, der auch die untergeordneten Symbole Lulav, Etrog, und Schofar aufweist. Ebenso eine weitere Inschrift mit Menorah, Etrog und Ölflakon. Dello Russo schreibt dazu: "If it weren't for the inscriptions, with the Jewish symbols they bear, but also the particular epitaphs and formulas that are used in them, like 'lover of people',

---

[63] Vatikan 30887.

[64] Zu diesen Katakomben siehe Tercatin, "Catacombs", http://www.timesofisrael.com/inside-the-catacombs-buried-history-ties-jews-to-ancient-rome, angesehen am 19.6.17.

'lover of laws', 'student of laws', it would be very hard to identify the site as Jewish".[65]

Leonard Rutgers hat bereits darauf hingewiesen, dass Inschriften die Ansichten individueller römischer Juden eher wiederspiegeln als architektonische Bestandteile wie Synagogenmosaike.[66] Die Tatsache, dass die Menorah – oft in Verbindung mit Lulav, Etrog, Vögeln, und Flakons – so häufig auf diesen Inschriften abgebildet ist, weist darauf hin, dass dieses Symbol auch von Diasporajuden als das wichtigste jüdische Symbol angesehen worden ist: "Of all Jewish symbols, the menorah indisputably outranks all others. In antiquity, the seven branched candelabrum was the Jewish symbol *par excellence*".[67]

Die Verwendung der Menorah und weiterer ihr untergeordneter jüdischer Symbole war Teil der Konstruktion jüdischer Identität in der Spätantike. Hayim Lapin sieht diese Praxis als Teil eines neuen jüdischen ethnischen Diskurses, der zumindest in Palästina mit dem Bau prächtig ausgestatteter Synagogen verbunden war:

> "... Palestinian inscriptions may be read as demonstrating the emergence of a new ethnic discourse marked by the fact that 'Jewishness' was made explicit in epigraphic contexts for the first time ... the expression of ethnicity is complementary to the development of Palestinian synagogues and communal ideals, which are also reflected in the inscriptions".[68]

Wie wir gesehen haben, war diese Entwicklung nicht auf Palästina beschränkt, sondern ist auch in Rom zu sehen. Man mag noch einen Schritt weitergehen und die Beto-

---

[65] Dello Russo, "Monteverde".

[66] Rutgers, *Jews*, 94.

[67] Ibid.

[68] Lapin, "Inscriptions", 239.

nung ethnischer und religiöser jüdischer Identität in Inschriften und Synagogen als Antwort auf, bzw. Gegenbewegung zum immer stärker öffentlich auftretenden Christentum verstehen.

Rachel Hachlili hat bereits vermutet, dass der häufige Gebrauch der Menorah im spätantiken Judentum, insbesondere was den Bestattungskontext betrifft, dazu diente, Juden von Christen zu unterscheiden, für die seit Konstantin das Kreuz zum zentralen Symbol geworden war.[69] Sowohl Kreuz als auch Menorah wurden in privaten und öffentlichen Kontexten verwendet. Sie waren offizielle Symbole, die in Kirchen und Synagogen sichtbar waren, aber gleichzeitig auch individuelle Embleme, mit denen Einzelne und Familien ihre Zugehörigkeit zum Christentum oder Judentum ausdrücken konnten. Im Kontext der Synagoge verband die Menorah Juden mit dem nicht mehr existierenden, aber ehemals zentralen Heiligtum des Tempels. Sie stand deshalb für die Kontinuität des jüdischen Kultes, der in den spätantiken Synagogen eine andere Form angenommen hatte. Ihre räumliche Nähe zum Torahschrein legitimierte die Zentralität der Torah nach 70 im Kontext kultischer Kontinuität. Man mag deshalb die Menorah als Ausdruck jüdischen Widerstandes gegen den Vormachtsanspruch des "triumphierenden" Christentums verstehen. In Israel und der Diaspora, in Synagogen und auf Grabinschriften bekundete die Menorah sowohl den Fortbestand von Juden als ethnischer Gruppe als auch den Fortbestand des Judentums als Religion. Dieses Zeichen mag deshalb einigen Christen ein Dorn im Auge gewesen sein, was dazu führte, dass Menorah-Darstellungen manchmal von Kreuzen überzeichnet wurden.

---

[69] Hachlili, *Menorah*, 208.

Während das Kreuz zumindest ursprünglich negative Assoziationen weckte und unter Römern und Christen mit Tod und Schande in Verbindung gebracht wurde, war die Menorah immer positiv besetzt. Sie symbolisierte Licht, den Kosmos, und Gottes beschützende Kraft, die auch nach dem persönlichen Tod fortwirken würde. Die Tatsache, dass im Tempelkult und wohl auch in der Synagoge – zumindest in den künstlerischen Darstellungen aber vielleicht auch in den dort aufgestellten Leuchtern – die Lichter ständig brannten, wies auf das ewige Fortbestehen des Judentums und seines Kultes hin.[70]

Auch im Christentum gewann das Kreuz vom vierten und fünften Jahrhundert an eine positivere Bedeutung. Kirchenväter assoziierten es mit Konstantins Sieg an der Milvischen Brücke und mit der offiziellen Anerkennung des Christentums. Für individuelle Christen symbolisierte es den Sieg Christi über den Tod. Besonders in der Ostkirche des frühen Mittelalters scheint die positive Bedeutung des Kreuzes noch verstärkt worden zu sein. Isaak von Nineveh, der im siebten Jahrhundert Bischof und Theologe der syrischen Kirche war, betonte die mystische Bedeutung des Kreuzes und verband es mit der *Schekhinah*: "Wir schauen auf das Kreuz als dem Ort, der der *Schekhinah* des Allerhöchsten gehört, das Heiligtum des Herrn, das Meer der Symbole der Ökonomie Gottes".[71] Wie in der jüdischen Vorstellung von der *Schekhinah*, wurde Gott nun als im Kreuz anwesend gesehen.[72] Allerdings wurde mit dieser "Replacement Theology" die wei-

[70] Siehe auch Patai und Bar-Itzhak, *Encyclopaedia*, 276.

[71] Isaak von Nineveh 11.24, übersetzt mit Sebastian Brock. Siehe auch Fairaday, "Isaac", 385.

[72] Zu rabbinischen Vorstellungen von der *Schekhinah* siehe Goldberg, *Untersuchungen*.

tere Anwesenheit Gottes im Judentum negiert.[73] So schreibt Isaak von Nineveh: "Die *Schekhinah*, die nun im Kreuz anwesend ist, ist von dort [vom Tempelschrein] fortgegangen und hat auf mysteriöse Weise im Kreuz Wohnung genommen".[74] Im Kontext des siebten Jahrhunderts, als die im nachbarlichen Palästina lebenden Juden Gottes Anwesenheit in ihren Synagogen zu spüren glaubten und dies insbesondere durch das Symbol der Menorah zum Ausdruck brachten, musste eine solche "Beschlagnahmnung" der *Schekhinah* und ihre Assoziation mit dem Kreuz als Affront angesehen worden sein.[75] Die Auseinandersetzung zwischen Judentum und Christentum hatte sich offensichtlich zugespitzt.

Eine weitere, im früh-mittelalterlichen Christentum auftretende Entwicklung war der Gebrauch der Menorah in der christlichen Kunst. Hachlili zufolge begann diese Entwicklung um 800.[76] Mittelalterliche Christen wussten, dass die Menorah ein wichtiger Kultgegenstand im Jerusalemer Tempel gewesen war. Sie kannten auch die Darstellung der Menorah auf dem Titusbogen in Rom, der den römischen Sieg über die Juden am Ende des ersten jüdischen Aufstands gegen Rom zelebriert. In dieser Darstellung des römischen Triumphzugs wird die zusammen mit anderen Kultgegenständen weggetragene Tempel-

[73] Zur langen Geschichte der "Replacement Theology", derzufolge Israel in Gottes Gnade durch die Kirche "ersetzt" wurde, siehe Aguzzi, *Israel*, Kap. 1: "The Problem of Supersessionism".

[74] Isaak von Nineveh 11.5.

[75] Zum Zusammenhang zwischen *Schekhinah* und Menorah siehe Goldberg, *Untersuchungen*, 306: "Eine Beziehung zur Vorstellung von der Gegenwart Gottes im Heiligtum ist besonders durch den Leuchter, der vor dem Allerheiligsten stand, vorhanden".

[76] Hachlili, *Menorah*, 269.

Menorah dem Judentum symbolisch entzogen. Hachlili zufolge diente diese Darstellung als Modell für mittelalterliche christliche Menorahbilder.[77] Sie schreibt zur Bedeutung der Menorah im Christentum:

"The seven-branched candelabra in Christian churches have a twofold meaning: they are an imitation of the Jewish Temple menorah; and later they represent the gifts of the Holy Spirit. These two meanings merge, and the relation with the Jewish origin is meant to indicate that the Christian church is the new, more perfect Temple of Solomon (...)".[78]

Die christliche künstlerische Aufnahme der Menorah hat also eine ähnliche Bedeutung wie die theologische Assoziation des Kreuzes mit der *Schekhinah* bei Isaak von Nineveh. Traditionelle jüdische Symbole werden ihrem jüdischen Kontext entzogen und christlichen Vorstellungen dienlich gemacht.

Nichtsdestoweniger blieb die Menorah auch im Mittelalter das wichtigste jüdische Symbol: "Almost universally in the Middle Ages, the Jewish sign was the menorah, the seven-branched candelabrum providing perpetual light, representing God's radiance and the light of understanding".[79] Sowohl Menorah als auch *Schekhinah* gewannen neue Bedeutung in der jüdischen Mystik: "As a result to her closeness to God, the *Shekhinah* is identified with the community of Israel, the mystical Jewish Ecclesia or Synagogue ...".[80] Das Licht der Menorah symbolisierte Gottes leuchtende Ausstrahlung.[81] In der Kabbalah werden

---

77 Ibid. 271.

78 Ibid.

79 Cosman und Jones, "Lamp", 442.

80 Schuyler, "Holy Spirit", 356.

81 Cosman und Jones, "Lamp", 443.

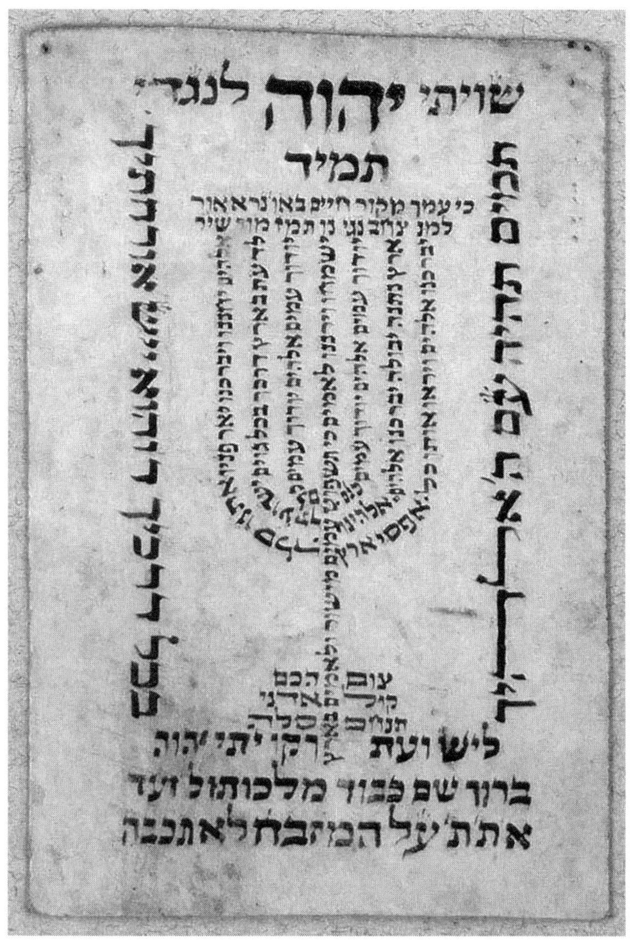

Abb. 16: Shviti aus dem 18.–19. Jh. Det Kongelige Bibliotek, Dänemark, Department of Oriental and Judaica Collections, Cod. Heb. 46:5.

die zweiundzwanzig Sefirot als Baum dargestellt, wie auch die Menorah mit ihren sieben "Zweigen" an den Lebensbaum erinnert. Spätestens vom fünfzehnten Jahrhundert an wurde Psalm 67, der sogenannte Menorah-Psalm, in Form einer Menorah dargestellt.[82] Es heißt dort: "Gott sei uns gnädig und segne uns. Er lasse sein Angesicht über uns leuchten" (Ps. 67:1–2). Dieses Leuchten war in der Menorah symbolisch ausgedrückt. Die sogenannten *Shviti* (vgl. Ps. 16:8: "Ich habe den Herrn allezeit vor Augen ..."), meditative Texte in Form einer Menorah, mit dem Tetragrammaton in zentraler Position, werden in Synagogen verwendet (Abb. 16). Erst in der Neuzeit, und insbesondere durch den Zionismus, wurde die Menorah durch den Davidstern (*Magen David*) als markantestes jüdisches Symbol ersetzt.[83]

---

[82] Frankel und Teutsch, *Encyclopedia,* 106.

[83] Zur Geschichte des Davidsterns siehe Oegema, *History.*

5. Die Frage nach künstlerischen Bedeutungszusammenhängen

Mosaikfußböden und Fresken in Synagogen, Kirchen, und Privathäusern bestehen meist aus mehreren Tafeln mit unterschiedlichen Abbildungen, die in dem jeweils zur Verfügung stehenden Raum kombiniert sind. Es stellt sich die Frage, ob die Tafeln einen Bedeutungszusammenhang darstellen sollten, d.h., ob der Betrachter sie zusammen interpretieren und einen gemeinsamen Sinn entschlüsseln sollte. Oder handelt es sich lediglich um Darstellungen einzelner Symbole und Motive, die jeweils verschiedene Bedeutungen hatten? Man kann auch mit beiden Möglichkeiten rechnen. Vielleicht sollten die einzelnen Tafeln der Mosaikfußböden und Wandmalereien sowohl einzeln Sinn ergeben als auch übergeordnete Zusammenhänge bilden. Da die Interpretation immer in erster Linie vom Betrachter selbst abhing, mag für eine Betrachterin eine bestimmte Tafel besonders wichtig gewesen sein, während ein anderer Synagogenbesucher versucht haben mag, einen Gesamtzusammenhang zu entziffern. Außerdem muss man sich natürlich den jeweiligen Befund genauer ansehen. Auf den Mosaikfußböden einiger spätantiker palästinischer Synagogen erscheint immer wieder dieselbe Motiv-Kombination. Was könnten die Gründe für diese Wiederholung gewesen sein? Gibt es ähnliche Muster auch in spätantiken Kirchen? In der Synagoge von Dura Europos finden sich nur Szenen biblischer Episoden. Was bestimmte die Auswahl dieser

Szenen? Bilden sie einen narrativen oder chronologischen Zusammenhang?

Bei diesen Fragen sind auch entstehungsgeschichtliche, architektonische, und rituelle Gesichtspunkte zu berücksichtigen. Vielleicht war bei den wiederholt auftretenden Darstellungen auf Mosaikfußböden nicht so sehr die Absicht eines Künstlers, Synagogenleiters, oder reichen Spenders, ein Gesamtkunstwerk herzustellen, sondern der eher pragmatische Gebrauch eines Musterbuches durch den Mosaikleger ausschlaggebend. Die Verwendung von Musterbüchern mag die Kosten des Mosaikfußbodens gesenkt haben. Außerdem ist zu fragen, inwieweit die jeweiligen architektonischen Gesichtspunkte und Lichtverhältnisse die Gestaltung des Innenraums eines bestimmten Gebäudes beeinflusst haben könnten. Drittens müssen die in dem jeweiligen Raum ausgeübten rituellen Aktivitäten berücksichtigt werden. Wenn die Besucher auf dem Mosaikfußboden standen oder saßen, werden bestimmte Bereiche des Mosaiks verdeckt gewesen sein.[1] Ähnlich mag nur ein Besucher, der in der leeren Synagoge von Dura Europos wandelte, in der Lage gewesen sein, in Ruhe alle Wandgemälde wie in einem Museum zu betrachten.

Bevor wir auf diese Fragen näher eingehen, sollen einige geläufige Interpretationsansätze, die sich auf die Synagogenmosaiken mit dem Zodiakmotiv beziehen, vorgestellt werden. In ihrem Band *Promise and Redemption: A Synagogue Mosaic from Sepphoris*, der eine Ausstellung im Israel Museum in Jerusalem begleitete, entfalten die Ar-

[1] Spigel, *Synagogue*, 38–44, nimmt an, dass die Besucher meist auf dem Fußboden der Synagoge saßen. Einige mögen sich Klappstühle mitgebracht haben. Nur bestimmte Teile der Liturgie, besonders die Amidah, erforderten eine stehende Haltung der Betenden.

chäologen Zeev Weiss und Ehud Netzer ihre Interpretationshypothese, die von einem ikonographischen Schema, d.h. einem bewussten ikonographischen Zusammenhang zwischen den Einzelmotiven ausgeht. Wie der Titel des Bandes schon besagt, rechnen sie mit einem theologischen Impetus, der die biblische Erlösungsgeschichte von der göttlichen Verheißung zur zukünftigen Erlösung nachbildet. Der Gesamtzusammenhang der Mosaikbilder ist angeblich eschatologisch ausgerichtet. Zwar ist jede Tafel als ikonographische Einheit anzusehen, aber es lässt sich, Weiss und Netzer zufolge, auch ein thematischer Zusammenhang erkennen, zu dem jede der Tafeln beisteuert.[2]

Der Mosaikfußboden im zentralen Innenraum der Synagoge von Sepphoris besteht aus sieben Bändern, die jeweils eine oder mehrere Tafeln aufweisen (Abb. 17).[3] Von oben nach unten gesehen stellen die Bänder folgende Motive dar:

1. Band: Drei Tafeln: ein Kranz, der von Löwen flankiert wird.
2. Band: Drei Tafeln: eine Tempelfassade, die von Menorot und anderen jüdischen Symbolen flankiert wird.
3. Band: Eine Tafel (fragmentarisch): Darstellung einer Opferszene: der Opferaltar, links daneben Opfertiere (Stier und Lamm), rechts eine auf einer Säule stehende Wasserschale. Auf der fragmentarischen linken Seite des Altars wird Aaron abgebildet gewesen sein (Inschrift).

   Die Szene wird möglicherweise fortgesetzt auf der linken Tafel von Band 4: ein Lamm, rechts davon ein

---

[2] Weiss und Netzer, *Promise*, 34.

[3] Siehe die schematische Zeichnung ibid. 14.

Ölbehälter, darunter zwei Trompeten/Hörner, sowie ein Behälter mit Mehl (*solet*). Weiss und Netzer zufolge handelt es sich hier angeblich um eine Darstellung der Weihung der Söhne Aarons zum Priesterdienst.[4] In der Beschreibung der Szene in Exodus 29 werden der Stier, Mehl, Öl, und Wasser erwähnt (29:1–4). Erst später erhält Aaron die göttliche Anweisung für die tägliche Opferung zweier Lämmer (29:38), eins am Morgen und eins am Abend. Das Wasser diente der rituellen Reinigung, das Öl der Salbung der Söhne (29:4, 7). Öl und Mehl gehörten aber auch zu den Opfergaben (29:40), zusammen mit Oliven und Wein, die hier nicht gezeigt werden. Die Trompten werden in Numeri 10:10 im Zusammenhang mit Brandopfern erwähnt.[5]

4. Band: Drei Tafeln: außer der bereits erwähnten, der Schaubrottisch und ein Korb mit Erstlingsfrüchten.

5. Band: Ein Quadrat, das den doppelten Raum der übrigen Bänder einnimmt und den Zodiakkreis mit den Jahreszeichen, Sternzeichen, und der (hier nicht personifizierten) Sonne auf einem Himmelswagen darstellt.

6. Band: Zwei Tafeln, die die Opferung Isaaks (Gen. 22:1–19) thematisieren (die linke Szene ist nur fragmentarisch erhalten).

7. Band: Eine Tafel, die (fragmentarisch) Abrahams gastliche Bewirtung der Engel zeigt (Gen. 18:1–15).

---

[4] Ibid. 20.

[5] Weiss und Netzer zitieren nur die erste Hälfte des Verses, d.h., sie übersehen die Erwähnung von "Brandopfern und Heilsopfern" in Num. 10:10 und nehmen deshalb fälschlicherweise an, dass die midraschische Verbindung von Trompeten und Opfern der Darstellung zugrunde liegt, siehe ibid. 22.

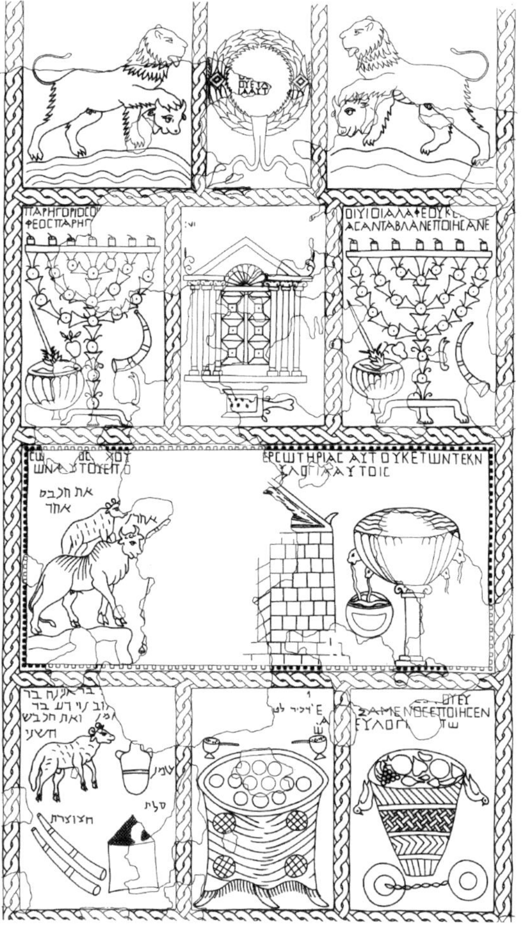
את חלבש
אחד
אחד
חצוצרת
סלת

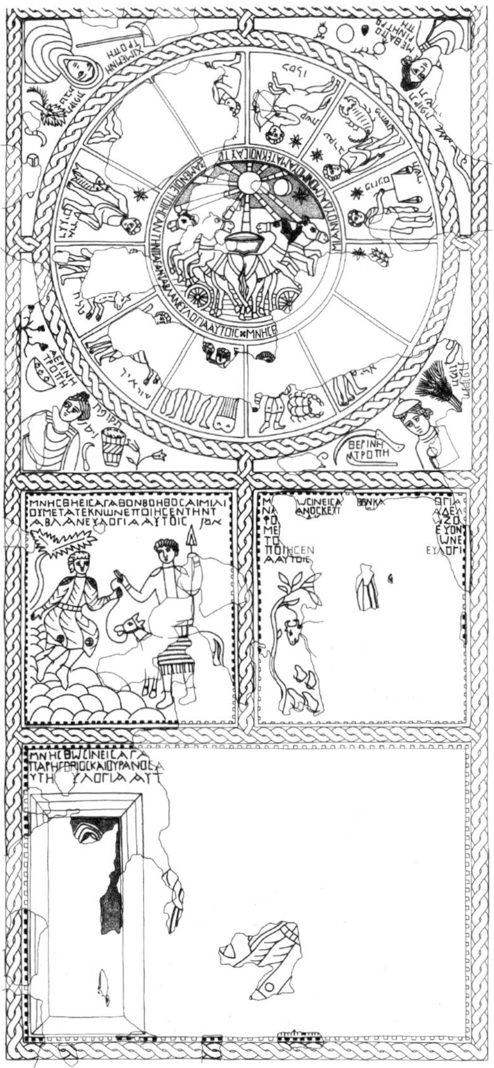

Abb. 17: Schema des Mosaikfußbodens der Synagoge von Sepphoris. Mit freundlicher Genehmigung von Zeev Weiss. Zeichnung: Pnina Arad.

Der Mosaikfußboden vereinigt also biblische Szenen und jüdische Symbole mit Motiven, die Analogien in der paganen Kunst hatten. Die biblischen Szenen stammen aus den Büchern Genesis und Exodus. Sie heben Abraham und Aaron hervor, die eigentlich nichts miteinander zu tun haben und mit unterschiedlichen Epochen assoziiert werden. Was die Szenen gemeinsam haben, ist der Altar – zur (nicht erfolgten) Opferung Isaaks bzw. für das tägliche Brandopfer – der die Assoziation des Tempels hervorrufen mochte. Auch die jüdischen Symbole lassen sich auf den Tempel beziehen: die architektonische Darstellung der Tempelfassade, die zwei großen Menorot, Schaubrottisch und Korb mit Erstlingsfrüchten, und wohl auch die Löwen Judahs, die das nun unter christliche Herrschaft stehende Jerusalem symbolisieren mögen. Diese Anklänge an den Tempel mögen deshalb gewählt worden sein, weil die spätantike Synagoge als heiliger Raum (*atra qadisha*) und Nachfolgerin des Jerusalemer Tempels angesehen wurde.[6] Der Opferdienst war durch den liturgischen Gebetsdienst ersetzt worden. Der Zodiakkreis mit Sonne und Jahreszeiten mag den liturgischen Kalender symbolisieren.[7] Sonne und Jahreszeiten waren auch für Landwirte relevant.[8] Im Unterschied zu den biblischen Szenen, die vergangene Geschehnisse darstellten, hatte der Jahreskreis konkrete Bedeutung in der Gegenwart. Dies mag

---

[6] Siehe Fine, *Holy Place*, 100, mit Hinweis auf den Gebrauch des Ausdrucks in Synagogeninschriften. Außerdem sahen auch amoraische Rabbinen die Synagogen als heilige Orte an, siehe ibid. 66–7.

[7] Hachlili, *Mosaic Pavements*, 55.

[8] Hezser, "Sun", 218. Helios bzw. die Sonne war in der Antike ein multivalentes Symbol, das mit verschiedenen Bedeutungen gefüllt werden konnte.

der Grund für seine zentrale Position im Schema des Mosaiks gewesen sein.

Weiss und Netzer gehen in ihrer Auslegung jedoch viel weiter. Sie lesen in die jeweiligen Tafeln spezielle theologische Bedeutungen hinein. Die Abrahamszenen (Band 6–7) symbolisieren angeblich Gottes Versprechen an Israel. Gehorsam gegenüber Gottes Willen wird letztendlich belohnt werden: "The mosaic's scenes are thus not only designed to relate the biblical story itself, but also to symbolize the promise for the future implicit in the story".[9] Der Zodiakkreis soll, Weiss und Netzer zufolge, Gottes zentrale Rolle in der Schöpfung zum Ausdruck bringen: "... the zodiac symbolized the blessing implicit in the divine order of the universe".[10] Die Tafeln oberhalb des Zodiakkreises (Band 2–4) weisen angeblich alle auf die zukünftige Erlösung hin. Diese Zukunftshoffnung ist allerdings nicht Teil der biblischen Szene (Ex. 29) oder der jüdischen Symbole selbst, sondern lässt sich nur durch Rekurs auf einen sehr späten rabbinischen Midrasch erschließen. Weiss und Netzer zitieren Midrasch Tanhuma, um einen Zusammenhang zwischen dem biblischen Opferdienst und der zukünftigen messianischen Welt herzustellen.[11]

Die Darstellungen des Mosaikfußbodens werden also von Weiss und Netzer nicht unabhängig von rabbinischen Vorstellungen interpretiert, sondern im Licht rabbinischer Texte verstanden.[12] Dabei handelt es sich aber um

---

[9] Weiss und Netzer, *Promise*, 34.

[10] Ibid. 35.

[11] Ibid. 37 mit Hinweis auf Tanhuma Buber ed., Tetzave 10.

[12] Zur Kritik an dieser Vorgehensweise siehe auch Schwartz, *Imperialism*, 248: "... there is little justfication for a rabbinizing approach to synagogue art ...".

eine methodisch unzulässige Vorgehensweise, die dazu führt, das rabbinische Judentum als einzigen möglichen Verstehenshorizont für die antike jüdische Kunst zu propagieren. Nicht nur standen die Rabbinen den Synagogen ambivalent gegenüber – die rabbinische Kritik an den luxuriösen Synagogenbauten wird zum Beispiel in einer Erzählung in y. Peah 8:9, 21b ausgedrückt[13] – sondern nur wenige Synagogenbesucher werden mit bestimmten rabbinischen Auslegungen der Torah vertraut gewesen sein. Die Geschichte im Talmud Yerushalmi bemängelt die fehlende Kenntnis der Torah an gerade dem Ort, an dem eine teure Synagoge gebaut worden ist. Die Kenntnis von bestimmten, in späten Midraschim erscheinenden, rabbinischen Lehrmeinungen und theologischen Ansichten kann aber bei den Betrachtern der Synagogenkunst nicht vorausgesetzt werden.

Die Abbildungen in Band 2–4 weisen an sich in keiner Weise auf eschatologische Sachverhalte hin. Insbesondere die Behauptung, dass das Fußbodenmosaik die Hoffnung auf einen dritten Tempel ausdrückt, scheint unzulässig und in die Synagogenkunst hineininterpretiert worden zu sein. Weiss und Netzer schreiben, dass der Mosaikfußboden die Hoffnung ausdrückt, dass Gott in Zukunft den Tempel wiederaufbauen und seine *Schekhinah* in ihm wohnen lassen wird: "This eschatological message, which expresses the world view and religious aspirations of the Jews of the Land of Israel, is a theme that runs throughout the rich fabric of the entire mosaic".[14] Nicht einmal die

[13] Dieser Erzählung zufolge gingen R. Hama b. Hanina und R. Hoschaja einmal in den Synagogen von Lydda umher und bemerkten, wie viel Geld in diese Bauten investiert worden sein muss, Geld, das besser für das Torahstudium verwendet worden wäre.

[14] Weiss und Netzer, *Promise*, 37.

Rabbinen scheinen in frühbyzantinischer Zeit, nach Kaiser Julians vergeblichem Versuch, den Jerusalemer Tempel wiederaufzubauen um Christen zu brüskieren, auf die Wiederherstellung des Tempelkultes gehofft zu haben.[15] Zu behaupten, dass diese Hoffnung von allen Juden des Landes Israel noch in frühbyzantinischer Zeit geteilt wurde, ist also weder mit Quellen zu belegen noch logisch überzeugend.

Viel wahrscheinlicher ist die Legitimierung der spätantiken Synagoge als "heiliger Ort" durch Rekurs auf den Tempel als Heiligtum der Vergangenheit. Durch die Anknüpfung an Tempelsymbole und Objekte, die in kultischen Riten verwendet wurden, wird die Synagoge als rechtmäßige Nachfolgerin des Tempels ausgewiesen. Der Tempelkult wird in die Synagoge aufgenommen. Das Opfer, das im Tempel dargebracht wurde, wird dabei durch Gebet und Torahlesung ersetzt. Die beiden der Torah entlehnten biblischen Szenen (Die Weihung der Söhne Aarons zum Priesterdienst; die Bindung Isaaks) stellen eine Verbindung zwischen Torahgehorsam und Tempel her. Die Synagoge setzt also alte Traditionen in neuer Weise fort. Ein solcher Gegenwartsbezug des Mosaiks, der die Synagoge als heiligen Ort und Nachfolgerin des Tempels ausweist, ist überzeugender als der behauptete Sprung von

---

[15] Cohn, *Memory*, 3, zufolge beschäftigten sich die Rabbinen der Mischnah (und des Talmuds) mit dem Tempel, um die Autorität der Tempelpriester auf sich selbst zu übertragen: "Having been born into a Temple-less world, these rabbis were not reacting to the loss of the Temple and the change in society that resulted from this loss. Nor were they merely preserving traditions ..."; sie waren stattdessen mit der Behauptung ihrer eigenen Position beschäftigt: "arguing for their own authority over post-destruction Judean law and ritual practice".

der Vergangenheit ("Promise") in die Zukunft ("Redemption").

Die Tatsache, dass moderne Interpreten den Mosaikfußboden der Synagoge in Sepphoris unterschiedlich verstehen können, zeigt, wie wichtig der Eindruck von Kunstwerken auf die jeweiligen Betrachter ist. Antike Synagogenbesucher werden die Bilder anders verstanden haben als moderne Exegeten. Im Hinblick auf die byzantinische Kunst weist Brubaker darauf hin, dass es in erster Linie darum ging, bestimmte Persönlichkeiten oder Objekte gegenwärtig zu machen – wie sie dargestellt waren, war weniger wichtig.[16] Deshalb wurden die Kunsthandwerker selten erwähnt und ihre Bedeutung heruntergespielt. Die Tatsache, dass die spätantike Synagoge als heiliger Raum wahrgenommen wurde, ist wichtig für das damalige Verständnis der Kunst. Die Besucher begaben sich in einen numinosen Raum, dessen Architektur, Lichtverhältnisse, und Fußbodenmosaike den Eindruck erwecken sollten, dass man dem Göttlichen besonders nahe war. Seth Schwartz schreibt:

> "Whatever precisely the elements of this [iconographic] language may have meant to the people who used and contemplated them, they clearly served as indications of the sacred; it would, I hope, be uncontentious to suggest that the sanctity of the synagogue was somehow embodied in its decoration, that it was not only the Torah scroll that made the synagogue holy, as in the rabbinic scheme, but the character of the synagogue's structure and art".[17]

Das Fußbodenmosaik kombinierte die wichtigsten Elemente spätantiker jüdischer Religiosität: die Erinnerung

---

[16] Brubaker, *Vision*, 10.

[17] Schwartz, *Imperialism and Jewish Society*, 248.

an den zerstörten Tempel, sowie den Ersatz des Opferdienstes durch Torahlesung, Synagogenliturgie, und Festtagsriten. Die Besucher werden mit diesen drei Elementen vertraut gewesen sein. Was sie sonst noch mit den einzelnen Mosaiktafeln oder dem gesamten Mosaik assoziierten, wird von Besucherin zu Besucher verschieden gewesen sein.

In seiner Untersuchung zur Visualität in der römischen Kunst weist Jaś Elsner auf die "imaginative fantasy" der Besucher heilig geglaubter Stätten hin.[18] Die Besucher der Synagogen werden animiert, sich mit den Protagonisten der dargestellten Szenen zu identifizieren und über ihre psychologische Motivation nachzudenken. Interessanterweise stehen in den biblischen Darstellungen des Sepphoris-Mosaiks immer Väter und ihre Söhne im Mittelpunkt: Abraham, der seinen Sohn opfert; Aaron, der seine Söhne dem Priesterdienst weiht. Väter und Söhne werden auch die Hauptbesucher antiker Synagogen gewesen sein. Sollten die Mosaikbilder sie motiviert haben, über ihr jeweiliges Verhältnis im Rahmen der Torahobservanz nachzudenken? Die Bedeutung der Sonne und Jahreszeiten wird allen Menschen der Antike, und besonders denjenigen, die in der Landwirtschaft arbeiteten, bekannt gewesen sein. Das große zentrale Motiv des Zodiakkreises mit der Sonne/Helios als möglicher Verkörperung des jüdischen Schöpfergottes mag die Erfahrung Gottes im täglichen Leben wiedergespiegelt haben. Die Abbildungen der Menorah werden ihre Entsprechung in der großen, in der Synagoge aufgestellten Menorah gefunden haben. Als zentrales jüdisches Symbol wies sie einerseits zurück auf den Tempel und war andererseits auch mit anderen Berei-

[18] Jaś Elsner, *Roman Eyes*, 24.

chen des jüdischen Lebens verbunden. Sie wurde, wie wir bereits gesehen haben, auch von einzelnen Juden in Bestattungskontexten verwendet, um die jüdische Identität der Bestatteten bzw. ihrer Familien zum Ausdruck zu bringen.

Was könnten die Gründe für die Verwendung des gleichen Schemas (mit Abwandlungen) in einer Reihe spätantiker Synagogen gewesen sein? Die Verbindung biblischer und dezidiert jüdischer Motive mit dem Zodiakkreis erscheint auch auf den Mosaikfußböden der Synagogen von Hammat Tiberias und Bet Alpha. Dort wird Helios im Mittelpunkt des Zodiakkreises personalisiert dargestellt. Diejenigen, die diese Mosaike in Auftrag gaben, scheinen also pagane Assoziationen und einen Verdacht auf Synkretismus weniger befürchtet zu haben als die Juden von Sepphoris. Die Mosaikfußböden in Hammat Tiberias, Bet Alpha, und Na'aran sind alle weniger komplex als derjenige in Sepphoris. Sie bestehen aus drei Teilen, wobei der vergrößerte Zodiakkreis jeweils im Mittelpunkt steht.[19]

In Hammat Tiberias und Na'aran fehlen die biblischen Szenen. Ausser dem Zodiakkreis zeigen diese Mosaike beide das Band mit Menorot und jüdischen Symbolen, die eine architektonische Fassade (stilisierter Tempel oder Torahschrein) rahmen. In Hammat Tiberias findet sich außerdem ein Band mit zwei Löwen, das eine Stifterinschrift rahmt;[20] und in Na'aran ein Band mit geometrischen Motiven und Vögeln. In Bet Alpha besteht das Mosaik aus dem Band mit der "Opferung" Isaaks, dem Zodiakkreis,

[19] Siehe die schematischen Zeichnungen in Hachlili, *Mosaic Pavements*, 18–9, Fig. II-1 (Hammat Tiberias), II-3 (Bet Alpha), II-4 (Na'aran).

[20] In dieser Stifterinschrift wird eine Reihe von Spendern namentlich erwähnt. Siehe dazu Millar, *Near East*, 387.

und dem Band mit Menorah, jüdischen Motiven, und Tempelfassade. Dieser Vergleich zeigt, dass der Zodiakkreis und die jüdischen Symbole bestimmten Synagogengemeinden wichtiger waren als biblische Szenen, deren Identifizierung und Verständnis vielleicht nicht allgemein vorausgesetzt werden konnten. In Hammat Tiberias und Na'aran fehlen jegliche narrativen Darstellungen, während sie in Sepphoris und Bet Alpha vorhanden sind. In beiden Fällen sind Szenen aus der Abrahamsgeschichte im Eingangsbereich der jeweiligen Synagoge zu finden.

Diese Übereinstimmungen und Abweichungen lassen vermuten, dass die Auftraggeber der Mosaikfußböden die jeweiligen Bänder aus Musterbüchern aussuchten und beliebig kombinieren konnten.[21] Die Geldgeber mögen die Motive und Kompositionen zusammen mit den Synagogenvorstehern ausgesucht haben. Sie werden diejenigen Bänder gewählt haben, deren Darstellungen ihnen am wichtigsten erschienen. Das sie dabei von übergreifenden theologischen Zusammenhängen geleitet wurden, ist eher unwahrscheinlich.

Deshalb ist auch Roland Deines` Hypothese, dass die dreiteiligen Zodiakmosaike Gottes Handeln in der Torah, Schöpfung, und Geschichte ausdrücken sollten, nicht überzeugend. Er schreibt:

"I will propose as the underlying meaning of the tripartite mosaics that they represent [in] an ideal way the three classical modes in which Israel experienced God's revelation: in the history of God's people (the biblical panel), in the cosmic order as represented by the eternal paths of the stars (the zodiac panel), and most clearly in the Torah (the Jewish symbols panel with the repository for the Torah in central position)".[22]

[21] Hachlili, *Mosaic Pavements*, 273.

[22] Deines, "Revelation", 155.

Dieselbe dreiteilige Struktur liegt angeblich in Psalm 19 vor, weshalb er die Mosaikfußböden von Hammat Tiberias und Bet Alpha im Zusammenhang mit diesem Psalm interpretiert. Dass in Hammat Tiberias gar keine biblische Szene vorhanden ist, stört Deines offenbar nicht. Die Löwen im unteren Band, die eine Stifterinschrift rahmen, werden als Symbole für Daniel in der Löwengrube verstanden.[23] Das obere Band mit den Menorot, den jüdischen Symbolen, und der architektonischen Fassade wird verallgemeinernd auf die Torah bezogen. Wahrscheinlicher ist aber ein Bezug auf den Tempel als Vorgänger der Synagoge. Auch die Löwen als Sinnbild für Judah, die auch in Bestattungskontexten vorkommen, passen zu einer Anspielung auf das frühere Heiligtum in Jerusalem.[24]

Verhielt es sich bei der Kombination von Motiven in Wandmalereien ähnlich wie bei Mosaikfußböden oder muss man hier andere Arten von Verbindungen annehmen? Auch bei Fresken werden lokale Unterschiede zu vermuten sein. Die Wandmalereien der Synagoge von Dura Europos sind, ähnlich wie die Mosaikfußböden palästinischer Synagogen, verschiedentlich interpretiert worden.[25] Die Fresken bedecken alle vier Wände der Synagoge. Einige Stellen sind beschädigt und nur fragmentarisch erhalten. Andere Abbildungen lassen sich nur schwer identifizieren. Das Zentrum der westlichen Wand

---

[23] Ibid. 170.

[24] Zum Symbol des Löwen in der antiken jüdischen Kunst siehe Hachlili, *Israel*, 321: "… the lions were persistently selected in their capacity of power motifs or images of vigil to adorn synagogues; some hint of the tradition of the lion symbolizing Judah, however, remains in the representations".

[25] Zu den verschiedenen Interpretationsansätzen siehe Levine, *Visual Judaism*, 102–7.

bildet die Torahnische, die wohl den Ausgangspunkt für die Gestaltung der Wandmalereien bildete (Abb. 1).[26] Die Abbildungen oberhalb dieser Nische sind besonders interessant, da hier eine Reihe von Motiven erscheinen, die auch von den späteren palästinischen Synagogen her bekannt sind: links eine große Menorah mit Lulav und Etrog, in der Mitte die Tempelfassade, und rechts davon die Opferung Isaaks. In der Nische selbst erscheint eine Wolke, die wohl den Himmel als Sitz des Göttlichen darstellen soll. Um die Torahnische herum finden sich ganz unterschiedliche Szenen, die nicht nur Figuren aus der Torah, sondern auch aus den sogenannten Schriften (geschichtlichen Büchern der Bibel) darstellen. Schenk vermutet, dass der Jerusalemer Tempel und seine Zerstörung im Jahre 70 den zentralen Bezugspunkt für die Ausgestaltung der Synagoge bildeten:

> "The images served as, first, a spatial signpost toward the site of Jerusalem, and, second, as a narrative framework that integrated the congregation into a sacred history that would seem to have come to a disastrous end. In doing so, the decoration constructed the synagogue itself as a holy place where the congregation could still offer 'service' and, quite likely, pointed beyond this site toward an age to come when the sanctuary would be restored to Jerusalem itself".[27]

Zur der Zeit als die Wandmalereien entstanden, mögen syrische Juden noch damit beschäftigt gewesen sein, die Zerstörung des Tempels und die Niederschlagung des Bar Kochba Aufstands zu verkraften. Zumindest einige unter ihnen mögen zu jener Zeit noch auf den Wiederaufbau des

[26] Schenk, "Temple", 202, Abb. 2.
[27] Ibid. 229.

Tempels gehofft haben. Die Synagoge mag ihnen dabei als (zeitweiliger?) Ersatz für den Tempel gedient haben.

Die vielen biblischen Szenen bilden dabei nicht notwendigerweise einen kohärenten Zusammenhang. Steven Fine schreibt zu früheren Interpretationsansätzen: "Attempts at the theoretical or global interpretation of these images have been less successful, with art historians and historians alike imposing templates upon the material that have had the net effect of limiting interpretation".[28] Auch das Verhältnis der visuellen Interpretationen biblischer Geschichten zum rabbinischen Judentum ist ungewiss. Einerseits hat es keine nachweisbare Verbindung zwischen Juden in Dura und Rabbinen in Palästina gegeben.[29] Kein Rabbi wird in Dura inschriftlich erwähnt.[30] Anderseits sieht Fine in den Bildern (und einem in Dura gefundenen Gebetsfragment) "an amazing closeness to the world of the ancient rabbis".[31] Themen von Gebeten, die in der rabbinischen Literatur erwähnt werden, insbesondere der Amidah, sind angeblich in den Wandmalereien zu finden. Fine interpretiert die Fresken im Licht der rabbinischen Amidah, gibt aber gleichzeitig zu, dass wir nicht wissen, ob die Juden von Dura die Amidah überhaupt kannten und liturgisch rezitiert haben.[32] Themen wie die göttliche heilswirkende Macht, sowie biblische Gestalten wie Abraham, Moses, David, und Eliah werden aus biblischen Texten bekannt gewesen sein und müssen nicht notwendigerweise aus rabbinischen Gebeten stammen. Die Hoffnung auf die Wiederherstellung des Tem-

[28] Fine, *Art*, 173.
[29] Ibid.
[30] Schenk, "Temple", 199.
[31] Fine, *Art*, 177. Siehe auch idem, "Liturgy".
[32] Fine, *Art*, 182.

pels und die messianische Zeit ist in die bildliche Darstellung hineininterpretiert und muss nicht intendiert bzw. von allen Betrachtern entsprechend verstanden worden sein. Man muss also einer rabbinischen Interpretation der Fresken kritisch gegenüberstehen.[33] Andererseits ist es natürlich möglich, dass Rabbinen, die von Palästina nach Babylonien reisten, in Dura Zwischenstation machten und dabei mit anderen Juden Kontakt aufnahmen.[34]

Wenn man die Synagogenmalereien in Dura und die Fußbodenmosaike in palästinischen Synagogen zusammen betrachtet, sind die ikonographischen Gemeinsamkeiten trotz des geographischen und zeitlichen Abstandes erstaunlich. In allen Synagogen war der Bezug zum zerstörten Jerusalemer Tempel wichtig. Durch den Bezug zum Tempel wies sich die spätantike Synagoge als neuer heiliger Ort aus. Ebenso wichtig war der biblische Bezug. Die Synagogen hatten Torahnischen, d.h., sie waren permanente Aufbewahrungsorte der Torahrollen. Die Torahlesung war Teil der Liturgie des Sabbatgottesdienstes. Der dritte und ebenso wichtige ikonographische Bereich waren die sogenannten jüdischen Symbole, mit der Menorah als zentralem Symbol, umgeben von Lulav und Etrog. Diese Symbole erscheinen auch in Bestattungskontexten und auf Objekten des Alltagslebens. Sie weisen Katakomben, Inschriften, Sarkophage, und Öllampen sowohl im Land Israel als auch in der Diaspora als jüdisch aus.[35] Die

[33] Auch Schubert interpretiert bestimmte Details der Fresken auf dem Hintergrund der rabbinischen Literatur, siehe idem, "Painting", 182–3.

[34] Zu rabbinischen Reisen zwischen Palästina und Babylonien siehe Hezser, *Jewish Travel*, 311–64.

[35] Zu jüdischen Symbolen auf Öllampen siehe Lapp, "Oil Lamp", 296.

drei Bereiche Tempel – Torah – Kultgegenstände scheinen sich also im dritten bis sechsten Jahrhundert als die zentralen Bereiche jüdischer Ikonographie herauskristallisiert zu haben. Zumindest in Palästina konnten in diese dezidiert jüdische Kunst Motive wie Helios und der Zodiakkreis, die Analogien im paganen Bereich hatten, integriert werden. Durch diese Integration in jüdische ikonographische Zusammenhänge erhielten sie eine neue jüdische Bedeutung.

In Dura Europos gab es neben der Synagoge auch eine Hauskirche aus dem dritten Jahrhundert. Nur in der Baptistei dieser Kirche sind Wandmalereien vorhanden. Robin Jensen hat bereits auf die Unterschiede zwischen den Synagogen- und Kirchenmalereien hingewiesen: "The iconographic programs of baptistry and synagogue differ more markedly in content and composition than in certain formal aspects of style and aesthetic quality".[36] Da nur weniger als die Hälfte dieser Fresken vorhanden sind, kann das ikonographische Programm nicht mehr vollständig rekonstruiert werden. Was allerdings auffällt, ist, dass die meisten Szenen neutestamentliche Geschichten widerspiegeln, auch wenn sie sich nicht genau auf Evangelientexte beziehen.[37] Nur die Darstellungen des Paradieses und Davids und Goliaths beruhen auf der Hebräischen Bibel. Neutestamentliche Szenen zeigen Jesus, der auf dem Wasser des Sees wandelt; Jesus, der einen Gelähmten heilt; und Jesus als guten Hirten; die Samaritanerin am Brunnen; drei Frauen, die Jesu Grab (nach seiner Auferstehung) besuchen. Diese Konzentration auf Wunder und Heilungen mag auf den Kontext der Taufe, die neben dem

[36] Jensen, "Dura-Europos", 182.

[37] Siehe ibid.

Abendmahl der wichtigste Ritus der frühen Kirche war, bezogen gewesen sein. Die Fresken dienten dazu, Jesu Göttlichkeit und heilswirkendes Handeln auszudrücken. So schreibt auch Jensen: "Almost all of these scenes can easily be related to the typology, liturgy, and theology of baptism, and are appropriate for their context".[38] Jesu' Wandeln auf dem See sowie die Frau am Brunnen stellen Wasserquellen bildlich dar. Da die Taufe als Neubeginn verstanden wurde, passt auch die Darstellung der Frauen am Grab, die Jesu Tod und Auferstehung ausdrücken soll, dazu.

Was die Wandmalereien der Synagoge und Kirche gemeinsam haben ist die Konzentration auf diejenigen biblische Szenen, die für die jeweilige Religionsgemeinschaft und den Kontext (Synagoge: Torahlesung; Kirche: Taufe) als besonders relevant angesehen wurden. Es ist sogar anzunehmen, dass Juden und Christen dieselben Freskenmaler beauftragten, ihre jeweiligen Religionsgebäude auszuschmücken.[39] Dabei ist in beiden Fällen nicht von einem direkten Verhältnis zwischen Text und Bild auszugehen. Vielmehr werden die biblischen Geschichten mündlich überliefert, interpretiert, und künstlerisch adaptiert worden sein. Ob im Falle von Analogien in der rabbinischen Literatur bestimmte jüdische Interpretationen auf palästinische oder babylonische Rabbinen zurückzuführen sind oder ob die Rabbinen umgekehrt mündlich überlieferte Auslegungstraditionen aufgegriffen haben, muss offen bleiben. Die gleiche Formensprache in Synagoge und Kirche lässt auf ein friedliches Nebeneinander der jüdischen

[38] Ibid.

[39] Ibid. 184. Siehe auch Elsner, "Reflections", 119; Levine, "Emergence", 307.

und christlichen Gemeinde in Dura im dritten Jahrhundert schließen, obwohl die jeweiligen theologischen Perspektiven natürlich verschieden waren.[40]

Sollten die jeweiligen Szenen die Betrachter an biblische Geschichten erinnern, d.h. ihre Kenntnis der Hebräischen Bibel bzw. der Evangelien hervorrufen? Wurde bei den Betrachtern eine gute Bibelkenntnis vorausgesetzt und war sie notwendig, um die bildlichen Darstellungen zu identifizieren? Hachlili weist diese Hypothese zurück:

> "Although presented in a narrative manner, the decoration is symbolic and abstract. A biblical episode may be shown condensed and abbreviated, as in the case of the Binding of Isaac and Noah's Ark. This attests to a symbolic decorative tradition which appears in the Dura Europos synagogue wall paintings and the synagogue mosaic pavements of Late Antiquity".[41]

Wie wir bereits gesehen haben, lassen sich auch in Dura Europos keine chronologischen oder narrativen Abfolgen feststellen. So sind zum Beispiel auf dem unteren Fresken-Band der westlichen Wand der Synagoge Szenen mit Eliah, Esther, Samuel, und Moses zu sehen, die unverbunden nebeneinander stehen. Ähnlich lässt sich auch unter den neutestamentlichen Szenen der Baptistei der Kirche keine logische Abfolge feststellen. Den jeweiligen Szenen gemeinsam ist nur ihr biblischer Hintergrund. Sie alle drücken, auf unterschiedliche Art und Weise, das von der jeweiligen Gemeinde geglaubte heilswirkende Handeln Gottes bzw. Christi aus. Dieses heilswirkende Handeln, das in der Vergangenheit erfahren und in den jeweiligen Gemeinden weitertradiert wurde, war für die Juden

---

40 Zur gleichen Formensprache siehe auch Drijvrs, "Syrian Christianity", 127.

41 Hachlili, *Mosaic Pavements*, 92.

und Christen Duras auch in der Gegenwart und Zukunft relevant.

Insofern hatten die Darstellungen also weder eine pädagogische noch eine illustrative Funktion. Sie dienten nicht dazu, biblische Sachverhalte zu erklären oder den Besuchern biblische Geschichten nahezubringen. Sie illustrierten den Bibeltext auch nicht. Sie sollten vielmehr als Gesamtheit auf die Bedeutung von Torah und Tempel als Basis für die spätantike Synagoge hinweisen. Wie die Bilder auf den einzelnen Tafeln interpretiert wurden, hing dagegen vom jeweiligen Betrachter, seiner Bildung, religiösen Einstellung, und emotionalen Verfassung ab. Wichtiger als die Bedeutung der Einzelbilder war wohl der rituelle Rahmen, die Synagoge als heiliger Ort. So schreibt Jaś Elsner im Hinblick auf griechische Tempel: "The viewer enters a sacred space, a special place set apart from ordinary life, in which the god dwells. In this liminal site, the viewer enters the god's world and likewise the deity intrudes directly into the viewer's world in a highly ritualized context".[42] Als Gesamtkunstwerk werden die Wandmalereien zusammen mit den Torahrollen eine numinose Atmosphäre hergestellt haben, die unmittelbarer und spürbarer war als die intellektuelle Auseinandersetzung mit den einzelnen Motiven. Gerade weil die Synagogenbesucher wussten, dass auch andere "heilige Orte" wie Kirche und Mithraeum mit Wandmalereien ausgeschmückt waren, werden sie die Synagoge als Heiligtum, in dem die Anwesenheit Gottes vermutet wurde, angesehen haben.[43]

---

[42] Elsner, *Roman Eyes*, 24.

[43] Zum Mithaeum in Dura Europos siehe Dirven, *Palmyrenes*, 261–2; Gnoli, "Mithraeum".

Die Stifter der Mosaikfußböden palästinischer Synagogen können die Wandmalereien von Dura Europos nicht gekannt haben, denn zu ihrer Zeit war die Stadt schon längst zerstört.[44] Die bereits erwähnten Übereinstimmungen mit der Ikonographie der früheren Diaspora-Synagoge – Tempel, Torah, jüdische Symbole – können also nicht als direkter Einfluss der früheren auf die spätere jüdische Kunst gedeutet werden. Sie werden vielmehr auf dem gemeinsamen Kontext (die Synagoge stand als "heiliger Ort" in der Tradition des Tempels; sie bewahrte die Torahrollen auf), sowie auf gemeinsamen Ritualen beruht haben (das Anzünden der Menorah; Lulav und Etrog als Teil des Festtagsritus an Sukkot, vgl. Lev. 23:40).

War die Perspektive des Betrachters wichtig? Der Betrachter stand, lief, oder saß auf Fußbodenmosaiken und schaute auf die Abbildungen hinunter. War durch diese Platzierung eine weniger respektvolle Haltung gegenüber den Abbildungen bzw. den darauf Abgebildeten intendiert? Sollte also vermieden werden, dass die Besucher der Synagogen Figuren wie Abraham oder Helios als Götzen verehrten? Gegen dieses Argument spricht, dass es auch in Kirchen des vierten Jahrhunderts Fußbodenmosaike gab, auf denen biblische Szenen und Christus abgebildet und mit paganen Motiven kombiniert waren. Die Basilika von Aquileia (Mitte des 4. Jhs.) kann als Beispiel dafür dienen:

"On the floor of the Cathedral of Aquileia are representations of subjects from the Old Testament such as Jonah thrown to the whale, a picture of the Saviour as the Good Shephard, and the Eucharist made manifest as bread and wine – and crowned by an ancient goddess of victory! … it is important to note that in the

[44] Zur Geschichte und Zerstörung von Dura Europos im Jahre 256 siehe Sartre, *Middle East*, 194–7.

earlier churches the floor mosaics also played a prominent part in the manifestation of religious ideas".[45]

Erst vom fünften Jahrhundert an fand in den Kirchen ein Wandel statt. Von nun an wurden die Mosaike mit Szenen aus dem Leben Jesu an den Wänden des Mittelschiffs und in der Apsis angebracht. Die Fußbodenmosaike waren nun mit neutralen geometrischen, pflanzlichen, und tierischen Mustern verziert, die rein dekorative Bedeutung hatten und sich nicht auf die christliche Botschaft bezogen.[46] Die biblischen und theologischen Darstellungen wurden aber hoch oben platziert. Der Betrachter schaute von unten zu ihnen hinauf. Durch diese Positionierung war eine ehrfürchtige Haltung gegenüber den bildlichen Darstellungen vorgegeben.

Die räumliche Anordnung der biblischen Szenen in den Wand- und Kuppelmosaiken der frühbyzantinischen Basilika Santa Maria Maggiore in Rom kann dieses spätere Stadium verdeutlichen. Der Besucher wird sowohl durch die Architektur der Kirche als auch durch ihre bildliche Ausgestaltung nach vorne zum Altar und der über ihm gewölbten Kuppel gelenkt.[47] Die bereits erwähnte Abraham-Szene ist zusammen mit anderen Szenen aus der Hebräischen Bibel an den vorderen Seitenwänden abgebildet,

---

[45] L'Orange und Nordhagen, *Mosaics*, 42, zitiert in Miles, *Image*, 55.

[46] Miles, *Image*, 55. Siehe z.B. das Fußbodenmosaik in der Apsis einer in einem ehemaligen paganen Tempel gebauten Kirche aus dem fünften Jahrhundert in Ayas (Kilikien) mit Lotusblüten, Wasservögeln, und Fischen, in: Versluys, *Aegyptiaca*, 473, Nr. 41. Siehe auch ibid. 474 Nr. 45: Auf dem Fußbodenmosaik im Mittelschiff der Kirche Johannes des Täufers in Quamhane (Syrien) aus der Zeit um 500 u.Z. sind Tiere und pflanzliche Motive zu sehen.

[47] Siehe auch Miles, *Image*, 55.

während die neutestamentlichen, auf Christus bezogenen Mosaikbilder in der Kuppel über dem Altar zu sehen sind.

Die Kirche ist einer Inschrift zufolge unter Papst Sextus III (432–440 u.Z.) in der ersten Hälfte des fünften Jahrhunderts erbaut worden. Nach dem Konzil von Ephesus (431 u.Z.), auf dem Maria zur Mutter Gottes erklärt wurde, war die Kirche der Jungfrau Maria geweiht. Robin Cormack schreibt: "... whatever the precise connection was between council and church, it is clear that the planners of the decoration belong to a period of concentrated debates on nature and status of the Virgin and Incarnate Christ. The decoration participates in that debate, and shows how statements can be made visually ...".[48] Das Fehlen einer Geburtsszene und die Betonung des Empfangs der Magier durch den auf einem Thron sitzenden Christus weist angeblich auf die Kontroverse über den göttlichen Status Jesu zur Zeit seiner Geburt hin.[49] In den Mosaiken wird eine bestimmte Position bezogen und die Göttlichkeit Marias und Jesu betont. Insofern ist die Absicht und Aussage dieser Mosaikbilder ganz anders als diejenige der Fußbodenmosaike spätantiker Synagogen: "The nave mosaics and the apse mosaics both exhibit, therefore, a high degree of theological input, and, as visual art, their message is insistently didactic and instructive".[50] In dieser dezidiert theologischen und didaktischen, ja doktrinären Absicht unterscheiden sie sich von früheren Kirchenmosaiken des vierten Jahrhunderts, wie zum Beispiel den Mosaiken der Kirche Santa Costanza in Rom, wo die biblischen Szenen (Christus als Kosmokrator in

48 Cormack, "Arts", 894.

49 Ibid. 898.

50 Ibid.

der Apsis) mit paganen Elemente wie der Weinernte in anderen Teilen der Dekoration angereichert sind.[51]

Für das Verständnis der Mosaiken in Santa Maria Maggiore ist auch der Konflikt zwischen West- und Ostkirche wichtig. Die unter Papst Sextus III errichtete Basilika sollte Rom als Stadt des Petrus und Paulus und als Zentrum des Christentums symbolisieren.[52] Margaret Miles meint, dass auch die sogenannten alttestamentlichen Szenen, die an den Wänden des Kirchenschiffes erscheinen, Teil der visuellen Macht-Darstellung bzw. des christlichen Triumphalismus des Papstes sind. Sie schreibt:

> "It is neither accidental nor coincidental that Santa Maria Maggiore and its extensive mosaic program were commissioned and executed at the same time and in the same city in which the Jewish people were being dramatically and rapidly 'repositioned' within the Roman Empire, marginalized and restricted in their activities".[53]

Alttestamentliche Szenen wurden in den Seitenschiffen gezeigt, wobei das Augenmerk des Betrachters zur Apsis gelenkt wird.

Die visuelle Ausgestaltung der Kirche wird von dem Apsis-Mosaik über dem Altar dominiert.[54] Darauf sind die Krönung Marias, Engel, Heilige, der Papst sowie an-

---

[51] Ibid. Zur Entwicklung der Christus-Darstellungen in frühchristlichen Kirchen siehe Spieser, "Representation". Zu den Mosaiken in der Kirche Santa Costanza (wohl ursprünglich Mitte des 4. Jhs. als Mausoleum für Konstantins Tochter Konstantina erbaut) siehe Stanley,"Apse Mosaics".

[52] Miles, "Mosaics", 155.

[53] Ibid. 157.

[54] In seiner jetzigen Form geht dieses Mosaik auf Jacapo Torriti (1295) zurück. Angeblich hat dieser mittelalterliche Künstler aber ein Bild aus dem fünften Jahrhundert rekonstruiert, siehe ibid. 159.

dere kirchliche Würdenträger abgebildet. Die biblischen Szenen in den Seitenschiffen sind dagegen schlechter zu identifizieren: Abraham und Melchisedek, Isaak, und Jakob, Moses und Joshua. Indem der Blick auf das Apsis-Mosaik gelenkt wird, werden alle diese Figuren zu Vorläufern Christi. In den neutestamentlichen Szenen auf dem Triumphbogen über dem Altar (Maria und Joseph, die Zeugung durch den Heiligen Geist, Jesu Vorstellung im Tempel etc.) werden "alttestamentliche" Gestalten bewusst aufgenommen: z.B. sind Sarah und Abraham bei der Trauung von Maria und Joseph anwesend. Miles schreibt: "these figures act as witnesses to the fulfilment of the prophecies and promises made to the Hebrew people".[55] Gottes Bund mit Israel mündet, diesem Schema zufolge, in Christus und wird durch die christliche Botschaft überholt. Die Hebräische Bibel hat demnach nur noch Wert als das christliche "Alte Testament", das eine vergangene, überholt geglaubte Religiosität darstellt.

Das künstlerische Programm dieser römischen Kirche symbolisiert also zum ersten Mal visuell den "Triumph" des Christentums über das Judentum.[56] Ein solcher Ausdruck von Macht, hinter dem die Institution des Papstes stand, passt in den römischen Kontext. Auch in Palästina wurden vom vierten Jahrhundert an Kirchen gebaut, die das Christentum im sogenannten "Heiligen Land" sichtbar machen sollten. Im vierten und fünften Jahrhundert entstanden in Palästina zahlreiche Kirchen und Synagogen, oft in unmittelbarer Nähe zueinander, sodass man

55 Ibid.

56 Siehe auch ibid. 162: "At Santa Maria Maggiore a powerful social, political, and religious institution reinterpreted Jewish history and the Jewish people as precursors, shadowy adumbrations, types, and signs of the fulfilment of God's promise in Christianity".

fast von einem gegenseitigen Architektur-Wettbewerb sprechen kann. In Sepphoris wurden zum Beispiel um 500 zwei Kirchen gebaut.[57] Günter Stemberger zufolge "belegen Funde von Kirchen- und Synagogenbauten im ländlichen Umfeld von Sepphoris ebenfalls die enge Nachbarschaft beider Religionen (Synagogen wie auch Kirchen etwa in Nazareth, Kafr Kana und dem galiläischen Betlehem)".[58]

In ihrem eigenen Land scheinen Juden sich sicher genug gefühlt zu haben, um den Kirchenbauten eigene reich ausgestattete Synagogen gegenüberzustellen. Die spätantiken palästinischen Synagogen dienten als sichtbare Zeugen der weiteren Existenz des Judentums als Gemeinschaft und Religion. Sie waren Ausdruck der Blüte des Judentums, jüdischer Identität, und jüdischer Fortsetzung der von Torah und Tempel vorgegebenen Traditionen.[59] Auch die Mosaikfußböden werden diesem Zweck gedient haben. Die spätantiken Synagogen in Palästina sind also wohl am besten als Akt des Trotzes bzw. Widerstandes der ansässigen jüdischen Bevölkerung gegen die immer stärker sichtbar werdenden christlichen Machtansprüche zu sehen.[60] Die christliche Beschlagnahmung des "Heiligen Landes" war ja in erster Linie visuell sichtbar in Kir-

---

[57] Stemberger, *Juden*, 43; Weiss, "House", 94–101.

[58] Stemberger, *Juden*, 44.

[59] Siehe auch Milson, *Art*, 234: "... Jewish communities could use the Hebrew Bible, the Torah, to contest the Christian claim of the Gospel as the Divine Word. As the Gospel was enthroned upon the *mensa sacra* within the apse (...), or on a specially built stone-throne as in Syria, and separated from the laity by a chancel and screen, so too could the Torah, and the Torah Shrine, as it recalls the Ark of the Tabernacle in the Temple".

[60] Im Hinblick auf Kapernaum sieht Runesson, "Architecture", 252, der die dortige Synagoge als "a defiant act of defense against the

chen, Klöstern, und Pilgerstätten, die christliche Besucher und Einwanderer anzogen. Das Nebeneinander von Juden und Christen, Synagogen und Kirchen, scheint sich bis ins siebte Jahrhundert hinein fortgesetzt zu haben. Mit der Islamisierung des Nahen Ostens setzte dann eine neue Epoche ein.

---

colonizers, a reclaiming of a place in a town the Jews saw as theirs" ansieht.

Bibliographie

Aguzzi, Steven D.: *Israel, the Church, and Millenarianism: A Way beyond Replacement Theology.* Abingdon und New York: Routledge, 2018.

Alexander, Philip: "The Rabbis, the Greek Bible, and Hellenism", in: *The Jewish-Greek Tradition in Antiquity and the Byzantine Empire*, ed. James K. Aitken and James Carleton Paget. Cambridge and New York: Cambridge University Press, 2014, 229–46.

Alison, Jane, und McCarthy, Sinéad: *The Vulgar: Fashion Redefined.* Stuttgart: König Books, 2016.

Apollodorus: *The Library of Greek Mythology. Translated with an Introduction and Notes by Robin Hard.* Oxford und New York: Oxford University Press, 1997.

Avi-Yonah, Michael: "The Leda Sarcophagus from Beth She'arim", *Scripta Hierosolymitana* 24 (1972) 9–21.

Avi-Yonah, Michael: *Art in Ancient Palestine. Selected Studies.* Jerusalem: Magnes Press, 1981.

Bakhos, Carol: *Ishmael on the Border: Rabbinic Portrayals of the First Arab.* Albany: SUNY Press, 2006.

Bakhos, Carol: *The Family of Abraham. Jewish, Christian, and Muslim Interpretations.* Cambridge: Harvard University Press, 2014.

Barash, Moshe: "The David Mosaic of Gaza". *Assaph: Studies in Art History* 1 (1980) 1–42.

Bardill, Jonathan: *Constantine, Divine Emperor of the Christian Golden Age.* Cambridge und New York: Cambridge University Press, 2012.

Barthes, Roland: "From Work to Text", in: *Textual Strategies. Perspectives in Post-Structuralist Criticism*, ed. Josué V. Harari. Ithaca: Cornell University Press, 1979, 73–81.

Barthes, Roland: "Rhetoric of the Image", in: *Visual Rhetoric in a Digital World: A Critical Sourcebook*, ed. Carolyn Handa. New York: Bedford/St. Martins, 2004, 152–63.

Bekkum, Wout van: "The Aqedah and its Interpretation in Midrash and Piyyut", in: *The Sacrifice of Isaac. The Aqedah (Genesis 22) and its Interpretation*, ed. Ed Noort und Eibert Tigchelaar. Leiden und Boston: Brill, 2002, 86–95.

Benson, George Willard: *The Cross: Its History and Symbolism*. Mineola: Dover Publications, 2005.

Biale, David: "Jewish Consumer Culture in Historical and Contemporary Perspective", in: *Longing, Belonging, and the Making of Jewish Consumer Culture*, ed. Gideon Reuveni und Nils Roemer. Leiden: Brill, 2010, 23–38.

Blank, Hanne: *Virgin: The Untouched History*. New York: Bloomsbury, 2007.

Boehme-Nessler, Volker: *BilderRecht: Die Macht der Bilder und die Ohnmacht des Rechts. Wie die Dominanz der Bilder im Alltag das Recht verändert*. Berlin und Heidelberg: Springer Verlag, 2010.

Boin, Douglas: *Ostia in Late Antiquity*. Cambridge und New York: Cambridge University Press, 2013.

Boyer, Louis: *Eucharist: Theology and Spirituality of the Eucharist Prayer*. Notre Dame: University of Notre Dame Press, 1968.

Branham, J.R.: "Vicarious Sacrality: Temple Space in Ancient Synagogues", in: *Ancient Synagogues. Historical Analysis and Archaeological Discovery*, ed. Dan Urman und Paul V.M. Flesher. 2. Auflage. Leiden und Boston: Brill, 1998, 319–46.

Bregman, Marc: "Aqedah: Midrash as Visualization", *Journal of Textual Reasoning* 2:1 (2003) = http://jtr.shanti.virginia.edu/volume-2-number-1/aqedah-midrash-as-visualization (angesehen am 18. April 2017).

Bremmer, Jan N. (ed.): *The Strange World of Human Sacrifice*. Leuven: Peeters, 2007.

Brenk, Beat: *Die frühchristlichen Mosaiken in S. Maria Maggiore zu Rom*. Wiesbaden: Steiner, 1975.

Brenk, Beat: "The Imperial Heritage of Christian Art", in: *Age of Spirituality. A Symposium*, ed. Kurt Weitzmann. New York: Metropolitan Museum of Art, 1980, 39–52.

Brilliant, Richard: “Jewish Art and Culture in Ancient Rome”, in: *Gardens and Ghettos: The Art of Jewish Life in Italy*, ed. Vivian B. Mann. Berkeley und Los Angeles: University of California Press, 1989, 67–90.

Brink, Eddy van der: “Abraham’s Sacrifice in Early Jewish and Early Christian Art”, in: *The Sacrifice of Isaac. The Aqedah (Genesis 22) and its Interpretation*, ed. Ed Noort und Eibert Tigchelaar. Leiden und Boston: Brill, 2002, 140–51.

Broadhead, Edwin Keith: *Jewish Ways of Following Jesus: Redrawing the Religious Map of Antiquity*. Tübingen: Mohr Siebeck, 2010.

Brock, Sebastian: *Isaac of Nineveh (Isaac the Syrian). The Second Part, Chapters IV–XLI Syr. 224*. Corpus Scriptorum Christianorum Orientalium. Leuven: Peeters, 1995.

Brown, Peter: “Images As a Substitute For Writing”, in: *East and West: Modes of Communication*, ed. Evangelos K. Chrysos und Ian Wood. Leiden und Boston: Brill, 1999, 15–34.

Brubaker, Leslie: *Vision and Meaning in Ninth-Century Byzantium: Image as Exegesis in the Homilies of Gregory of Nazianzus*. Cambridge: Cambridge University Press, 1999.

Bruce, F. F.: *The Epistle to the Hebrews*. Grand Rapids: William Eerdmans, 1990.

Cameron, Averil: *Christianity and the Rhetoric of Empire: The Development of Christian Discourse*. Berkeley und Los Angeles: University of California Press, 1991.

Cameron, Averil und Hall, Stuart G.: *Eusebius, Life of Constantine. Introduction, Translation, and Commentary*. Oxford: Clarendon Press, 1999.

Cavanaugh, Thomas A.: *Hippocrates’ Oath and Asclepius’ Snake: The Birth of a Medical Profession*. Oxford und New York: Oxford University Press, 2018.

Clarke, John R.: “The Decor of the House of Jupiter and Ganymede at Ostia Antica: Private Residence Turned Gay Hotel?” in: *Roman Art in the Private Sphere: New Perspectives on the Architecture and Decor of the Domus, Villa, and Insula*, ed. Elaine K. Gazda et al. Ann Arbor: The University of Michigan Press, 1994, 89–104.

Clarke, John R.: *Art in the Lives of Ordinary Romans. Visual Representation and Non-Elite Viewers in Italy, 100 B.C. – A.D. 315*. Berkeley: University of California Press, 2003.

Cohen, Shaye J.D.: "Epigraphical Rabbis", in: idem, *The Significance of Yavneh and Other Essays in Jewish Hellenism*. Tübingen: Mohr Siebeck, 2010, 227–43 (= *Jewish Quarterly Review* 72 [1981–82] 1–17).

Cohn, Naftali S.: *The Memory of the Temple and the Making of the Rabbis*. Philadelphia: University of Pennsylvania Press, 2013.

Corbeill, Anthony: *Nature Embodied. Gesture in Ancient Rome*. Princeton: Princeton University Press, 2004.

Corcoran, Simon: "From Unholy Madness to Rightmindedness: Or How to Legislate for Religious Conformity from Decius to Justinian", in: *Conversion in Late Antiquity: Christianity, Islam, and Beyond*, ed. Arietta Papaconstantinou. London und New York: Routledge, 2016, 67–94.

Cormack, Robin: "The Visual Arts", in: *The Cambridge Ancient History. Empire and Successors, AD 425–600*, ed. Averil Cameron et al. Cambridge: Cambridge University Press, 2000, 884–917.

Cosman, Madeleine Pelner und Jones, Linda G.: "The Lamp", in: *Handbook to Life in the Medieval World*. New York: Infobase Publishing, 2008, 442–3.

Culpepper, R. Alan: "Designs for the Church in the Imagery of John 21:1–14", in: *Imagery in the Gospel of John*, ed. Jörg Frey et al. Tübingen: Mohr Siebeck, 2006, 369–402.

Curtis, Neal: *The Pictorial Turn*. Abingdon und New York: Routledge, 2010.

Cyrill: *Des heiligen Cyrillus Bischofs von Jerusalem Katechesen, aus dem Griechischen übersetzt und mit einer Einleitung versehen von Philipp Haeuser*. Bibliothek der Kirchenväter 1. Reihe, Band 41. Kempten und München: J. Kösel und F. Pustet, 1922.

Dafni, Evangelia G.: "Isaak, die Tochter Jephtas und Iphigenie: Menschenopfer im Alten Testament und im Alten Griechenland. Kulturkritische Beobachtungen unter besonderer Berücksichtigung der Septuagint", in: *Septuagint, Sages, and Scripture. Studies in Honour of Johann Cook*, ed. Randall X. Gauthier et al. Leiden und Boston: Brill, 2016, 1–30.

Deichmann, Friedrich Wilhelm: "Frühchristliche Kirchen in antiken Heiligtümern". *Jahrbuch des Deutschen Archäologischen Instituts* 54 (1939) 105–36.

Deines, Roland: "God's Revelation Through Torah, Creation, and History: Interpreting the Zodiak Mosaics in Synagogues", in: *Jewish Art in Its Late Antique Context*, ed. Uzi Leibner und Catherine Hezser. Tübingen: Mohr Siebeck, 2016, 155–86.

Delaney, Carol: *Abraham on Trial. The Social Legacy of Biblical Myth*. Princeton: Princeton University Press, 1998.

Dirven, Lucinda: *The Palmyrenes of Dura-Europos. A Study of Religious Interaction in Roman Syria*. Leiden und Boston: Brill, 1999.

Dollimore, Jonathan: *Death, Desire and Loss in Western Culture*. New York: Routledge, 1998.

Drijvers, Han: "Syrian Christianity and Judaism", in: *The Jews Among Pagans and Christians in the Roman Empire*, ed. Judith Lieu et al. Abingdon: Routledge, 1992, 124–46.

Drijvers, Jan Willem: *Helena Augusta: The Mother of Constantine the Great and the Legend of Her Finding of the True Cross*. Leiden: Brill, 1992.

Dwyer, John C.: *Church History: Twenty Centuries of Catholic Christianity*. 2. Auflage. New York: Paulist Press, 1998.

Edrai, Arye Edrai und Mendels, Doron: *Zweierlei Diaspora: Zur Spaltung der antiken jüdischen Welt*. Göttingen: Vandenhoeck & Ruprecht, 2009.

Eliav, Yaron Z.: "Viewing the Sculptural Environment: Shaping the Second Commandment", in: *The Talmud Yerushalmi and Graeco-Roman Culture*, Bd. 3, ed. Peter Schäfer. Tübingen: Mohr Siebeck, 2002, 411–33.

Eliav, Yaron Z.: "Roman Statues, Rabbis, and Greco-Roman Culture", in: *Jewish Literatures and Cultures: Context and Imtertext*, ed. Anita Norich und Yaron Z. Eliav. Providence: Brown University, 2008, 99–116.

Elm, Susanna: *Sons of Hellenism, Fathers of the Church: Emperor Julian, Gregory of Nazianzus, and the Vision of Rome*. Berkeley und Los Angeles: University of California Press, 2012.

Elsner, Jaś: *Imperial Rome and Christian Triumph: The Art of the Roman Empire, AD 100–450*. Oxford und New York: Oxford University Press, 1998.

Elsner, Jaś: "Art and Architecture", in: *The Cambridge Ancient History*, vol. 13: *The Late Empire, A.D. 337–425*, ed. Averil Cameron und Peter Garnsey. 3. Auflage. Cambridge: Cambridge University Press, 1998, 736–61.

Elsner, Jaś: "Reflections on Late Antique Jewish Art and Early Christian Art", *Journal of Roman Studies* 93 (2003) 114–28.

Elsner, Jaś: *Roman Eyes: Visuality and Subjectivity in Art and Text*. Princeton und Oxford: Princeton University Press, 2007.

Elsner, Jaś: "Image and Rhetoric in Early Christian Sarcophagi", in: *Life, Death, and Representation. Some New Work on Roman Sarcophagi*, ed. Jas Elsner und Jane Huskinson. Berlin und New York: Walter de Gruyter, 2011, 359–86.

Euripides: *The Complete Greek Drama*. Bd. 2: *Helen*, ed. Whitney J. Oates und Eugene O'Neill, übersetzt von E. P. Coleridge. New York: Random House, 1938.

Evans, Craig A.: *Jesus and His World: The Archaeological Evidence*. Louisville: Westminster John Knox Press, 2012.

Fairaday, Brenda Fitch: "Isaac of Nineveh's Biblical Typology of the Cross", in: *Papers presented at the Thirteenth International Conference on Patristic Studies held in Oxford 1999*, ed. Maurice F. Wiles und Edward J. Yarnold. Leuven: Peeters, 2001, 385–90.

Fantucci, Marco: *Achilles in Love. Intertextual Studies*. Oxford: Oxford University Press, 2012.

Feldman, Louis H.: *Jew and Gentile in the Ancient World. Attitudes and Interactions from Alexander to Justiniaan*. Princeton: Princeton University Press, 1993.

Feldman, Louis H.: *Judaism and Hellenism Reconsidered*. Leiden und Boston: Brill, 2006.

Fine, Steven: *This Holy Place: On the Sanctity of the Synagogue*

During the Greco-Roman Period. Eugene: Wipf & Stock, 1997.

Fine, Steven: "Liturgy and the Art of the Dura Europos Synagogue", in: *Liturgy in the Life of the Synagogue*, ed. Ruth Langer und Steven Fine. Winona Lake: Eisenbrauns, 2005, 41–71.

Fine, Steven: *Art and Judaism in the Greco-Roman World. Toward a New Jewish Archaeology.* Cambridge und New York: Cambridge University Press, 2005.

Fine, Steven: "Jewish Art and Biblical Exegesis in the Greco-Roman World", in: *Picturing the Bible: The Earliest Christian Art*, ed. Jeffrey Spier. Fort Worth: Kimbell Art Museum, 2007, 25–49.

Fine, Steven: *The Menorah. From the Bible to Modern Israel.* Cambridge: Harvard University Press, 2016.

Fletcher, Ian: "'Leda and the Swan' as Iconic Poem", in: *Yeats Annual No. 1*, ed. Richard J. Finneran. Dublin: Gill und Macmillan, 1982, 82–113.

Fowden, Garth: "Bishops and Temples in the Eastern Roman Empire, A.D. 320–435". *Journal of Theological Studies* N.S. 29 (1978) 53–78.

Fox, Robin Lane: *Pagans and Christians in the Mediterranean World from the Second Century AD to the Conversion of Constantine.* New York: Penguin, 1986.

Frankel, Ellen und Teutsch, Betsy Platkin: *The Encyclopedia of Jewish Symbols.* Oxford: Rowman & Littlefield, 2004.

Frye, Northrop: *The Secular Scripture: A Study of the Structure of Romance.* Cambridge und London: Harvard University Press, 1976.

Gambero, Luigi: *Mary and the Fathers of the Church: The Blessed Virgin Mary in Patristic Thought.* San Francisco: Ignatius Press, 1999.

Garleff, Gunnar: *Urchristliche Identität in Matthäusevangelium, Didache und Jakobusbrief.* Münster: LIT Verlag, 2004.

Gerke, Friedrich: *Der Sarkophag des Iunius Bassus.* Berlin: Gebr. Mann, 1936.

Gleason, Maud W.: *Making Men. Sophists and Self-Presentation in Ancient Rome*. Princeton: Princeton University Press, 1995.

Gnoli, Tommaso: "The Mithraeum of Dura Europos: New Perspectives", in: *Religion, Society, and Culture at Dura Europos*, ed. Ted Kaizer. Cambridge: Cambridge University Press, 2016, 126–43.

Goitein, Shlomo D.: *Studies in Islamic History and Institutions*. Leiden und Boston: Brill, 2010.

Goldberg, Arnold M.: *Untersuchungen über die Vorstellungen von der Schekhinah in der frühen rabbinischen Literatur*. Berlin: Walter de Gruyter, 1969.

Goodenough, Erwin R.: *Jewish Symbols in the Greco-Roman Period*, 13 Bde. New York: Pantheon Books, 1953–1968.

Goodenough, Erwin R. und Neusner, Jacob: *Jewish Symbols in the Greco-Roman Period (Abridged Edition)*. Princeton: Princeton University Press, 1988.

Goodman, Martin: "The Jewish Image of God in Late Antiquity", in: *Jewish Culture and Society Under the Christian Roman Empire*, ed. Richard Kalmin und Seth Schwartz. Leuven: Peeters, 2003, 133–48.

Graf, Fritz: "One Generation After Burkert and Girard: Where Are the Great Theories?", in: *Greek and Roman Animal Sacrifice: Ancient Victims, Modern Observers*, ed. Christopher A. Faraone und F.S. Naiden. Cambridge: Cambridge University Press, 2012, 32–51.

Green, Vivian: *A New History of Christianity*. New York: Continuum, 2000.

Grof, Stanislav: *Beyond the Brain: Birth, Death, and Transcendence in Psychotherapy*. Albany: State University of New York Press, 1985.

Gunderson, Erik: *Staging Masculinity: The Rhetoric of Performance in the Roman World*. Ann Arbor: University of Michigan Press, 2000.

Hachlili, Rachel: "The Zodiac in Ancient Jewish Art: Representation and Significance", *Bulletin of the American School of Oriental Research* 228 (1977) 61–77.

Hachlili, Rachel: *Ancient Jewish Art and Archaeology in the Land of Israel.* Leiden: Brill, 1988.

Hachlili, Rachel: *Ancient Jewish Art and Archaeology in the Diaspora*. Leiden und Boston: Brill, 1998.

Hachlili, Rachel: *The Menorah, the Ancient Seven-Armed Candelabrum: Origin, Form, and Significance*. Leiden und Boston: Brill, 2001.

Hachlili, Rachel: *Ancient Mosaic Pavements: Themes, Issues, and Trends. Selected Studies*. Leiden und Boston: Brill, 2009.

Hachlili, Rachel: *Ancient Synagogues – Archaeology and Art. New Discoveries and Current Research*. Handbook of Oriental Studies, Section 1: Ancient Near East, vol. 105. Leiden und Boston: Brill, 2013.

Hachlili, Rachel: "Why Did the Menorah and not the Showbread Table Evolve Into the Most Important Symbol of Judaism?", in: *Jewish Art in Its Late Antique Context,* ed. Uzi Leibner und Catherine Hezser. Tübingen: Mohr Siebeck, 2016, 189–211.

Halbertal, Moshe: *On Sacrifice*. Princeton: Princeton University Press, 2012.

Hard, Robin: *The Routledge Handbook of Greek Mythology. Based on H.J. Rose's Handbook of Greek Mythology*. London und New York: Routledge, 2004.

Harris, William V.: *Ancient Literacy*. Cambridge, MA und London: Harvard University Press, 1989.

Hengel, Martin: "Mors turpissima crucis. Kreuzigung in der antiken Welt und die Torheit des 'Wortes vom Kreuz'", in: *Rechtfertigung. Festschrift für Ernst Käsemann*, ed. Joachim Friedrich et al. Tübingen: Mohr Siebeck, 1976, 125–84.

Hengel, Martin: *Crucifixion in the Ancient World and the Folly of the Message of the Cross*. Philadelphia: Fortress, 1977.

Hengel, Martin: *Judentum und Hellenismus. Studien zu ihrer Begegnung unter besonderer Berücksichtigung Palästinas bis zur Mitte des 2. Jahrhunderts vor Christus*. 3. Auflage. Tübingen: Mohr Siebeck, 1988.

Herzer, Jens: "The Riddle of the Holy Ones in Matthew 27:51B-53: A New Proposal for a *Crux Interpretum*", in: '*What Does*

Scripture Say?' Studies in the Function of Scripture in Early Judaism and Christianity, Bd. 1: *The Synoptic Gospels*, ed. Craig A. Evans und H. Daniel Zacharias. London und New York: T & T Clark, 2012, 142–57.

Hezser, Catherine: *Jewish Literacy in Roman Palestine.* Tübingen: Mohr Siebeck, 2001.

Hezser, Catherine: "Towards the Study of Jewish Popular Culture in Roman Palestine", in: *'The Words of a Wise Man's Mouth are Gracious' (Qoh 10,12). Festschrift für Günter Stemberger on the Occasion of His 65th Birthday*, ed. Mauro Perani. Berlin und New York: Walter de Gruyter, 2005, 267–97.

Hezser, Catherine: *Jewish Travel in Antiquity*. Tübingen: Mohr Siebeck, 2011.

Hezser, Catherine: "Review of Rachel Neis, *The Sense of Sight in Rabbinic Culture. Jewish Ways of Seeing in Late Antiquity*, Cambridge: Cambridge University Press, 2013". *Theologische Literaturzeitung* 139 (2014), 557–9.

Hezser, Catherine: "'For the Lord God is a Sun and a Shield' (Ps. 84:12): Sun Symbolism in Greek Jewish Literature and Amoraic Midrashim", in: *Jewish Art in Its Late Antique Context*, ed. Uzi Leibner und Catherine Hezser. Tübingen: Mohr Siebeck, 2016, 213–36.

Hezser, Catherine: *Rabbinic Body Language. Non-Verbal Communication in Palestinian Rabbinic Literature of Late Antiquity.* Leiden und Boston: Brill, 2017.

Hezser, Catherine: "Bookish Circles? The Use of Written Texts in Rabbinic Oral Culture". *Temas Medievales* 25 (2017) 63–81.

Hillgardt, J. N. (ed.): *Christianity and Paganism, 350–750: The Conversion of Western Europe.* Philadelphia: University of Pennsylvania Press, 1986.

Hölscher, Tonio: "Semiotics to Agency", in: *The Oxford Handbook of Greek and Roman Art and Architecture*, ed. Clemente Marconi. Oxford und New York: Oxford University Press, 2015, 662–86.

Hoffman, Christopher A.: *The Idea of Magic in Roman Law.* Berkeley: University of California Press, 2002.

Horst, Pieter W. van der: *Saxa judaica loquuntur: Lessons from Early Jewish Inscriptions. Radbout Prestige Lectures 2014.* Leiden und Boston: Brill, 2015.

Hughes, Dennis D.: *Human Sacrifice in Ancient Greece.* London und New York: Routledge, 1991.

Hurtado, Larry W.: *The Earliest Christian Artifacts: Manuscripts and Christian Origins.* Grand Rapids: Eerdmans Publishing Company, 2006.

Hurtado, Larry W.: "The Staurogram: Earliest Depiction of Jesus' Crucifixion". *Biblical Archaeology Review* 39 (2013) 49–52.

Huskinson, Janet: *Roman Strigillated Sarcophagi: Art and Social History.* Oxford und New York: Oxford University Press, 2015.

Isokrates: *Isocrates with an English Translation in Three Volumes.* Übersetzt von George Norlin. Cambridge: Harvard University Press und London: William Heinemann Ltd., 1980.

Jabbour, Alan: "Intracultural and Intercultural: The Two Faces of Folklore", in: *Folklore, Public Sphere, and Civil Society,* ed. M.D. Muthukumaraswamy und Molly Kaushal. Vijayanagar: IND-COM Press, 2004, 17–22.

Jensen, Robin M.: *Understanding Early Christian Art.* London: Routledge, 2000.

Jensen, Robin M.: *Living Water: Images, Symbols, and Settings of Early Christian Baptism.* Leiden und Boston: Brill, 2011.

Jensen, Robin M.: *Baptismal Imagery in Early Christianity: Ritual, Visual, and Theological Dimensions.* Grand Rapids: Baker Academic, 2012.

Jensen, Robin M.: "The Dura-Europos Synagogue, Early Christian Art, and Religious Life in Dura Europos", in: *Jews, Christians, and Polytheists in the Ancient Synagogue. Cultural Interaction during the Greco-Roman Period*, ed. Steven Fine. Abingdon und New York: Routledge, 2014, 174–89.

Jensen, Robin M.: *The Cross: History, Art, and Controversy.* Cambridge: Harvard University Press, 2017.

Jones, Christopher P.: *Between Pagan and Christian*. Cambridge und London: Harvard University Press, 2014.

Jory, E.J.: "The Drama of the Dance: Prolegomena to an Iconography of Imperial Pantomime", in: *Roman Theater and Society. E. Togo Salmon Papers* I, ed. William J. Slateres. Ann Arbor: University of Michigan Press, 1996, 1–27.

Jüngel, Eberhard: *Tod*. Stuttgart: Kreuz Verlag, 1971.

Kardellis, Anthony: *Hellenism in Byzantium. The Transformations of Greek Identity and the Reception of the Classical Tradition*. Cambridge und New York: Cambridge University Press, 2007.

Kessler, Edward: "The Sacrifice of Isaac (the *Akedah*) in Christian and Jewish Tradition: Artistic Representations", in: *Borders, Boundaries and the Bible*, ed. Martin O'Kane. Sheffield: Sheffield Academic Press, 2002, 74–98.

Kessler, Edward: *Bound by the Bible: Jews, Christians, and the Sacrifice of Abraham*. Cambridge: Cambridge University Press, 2004.

Kessler, Edward Kessler: "A Response to Marc Bregman", in: *Journal of Textual Reasoning* 9:1 (2016) = jtr.shanti.virginia.edu/volume-2-number-1/response-to-marc-bregman (angesehen am 27 February 2016).

Klein, Thorsten: *Bewährung in Anfechtung: Der Jakobusbrief und der erste Petrusbrief als christliche Diasporabriefe*. Tübingen und Basel: A. Francke Verlag, 2011.

Koller, Aaron: *Esther in Ancient Jewish Thought*. Cambridge und New York: Cambridge University Press, 2014.

Konikoff, Adia: *Sarcophagi from the Jewish Catacombs of Ancient Rome: A Catalogue Raisonné*. Stuttgart: Franz Steiner Verlag, 1990.

Kraeling, Carl Hermann: *The Excavations at Dura Europos, Final Report VIII, Part I: The Synagogue*. New Haven: Yale University Press, 1979.

Kühnel, Bianca: "Abrahams Opfer als Chiffre des Tempels. Ein kunstgeschichtlicher Beitrag zur jüdisch-christlichen Polemik", in: *Opfere Deinen Sohn: Das 'Isaak-Opfer' in Juden-*

tum, Christentum und Islam, ed. Bernhard Greiner. Tübingen: Francke Verlag, 2007, 73–91.

Kuhn, Hans-Wilhelm: "Jesus als Gekreuzigter in der frühchristlichen Verkündigung bis zur Mitte des 2. Jahrhunderts". *Zeitschrift für Theologie und Kirche* 72 (1975) 1–46.

Kurz, Gerhard: *Metapher, Allegorie, Symbol*. 5. Auflage, Göttingen: Vandenhoeck & Ruprecht, 2004.

Lang, Andrew: *The Selected Works of Andrew Lang*. Bd. 1. Alexandria: Library of Alexandria, 2009).

Lapin, Hayim: "Palestinian Inscriptions and Jewish Ethnicity in Late Antiquity", in: *Galilee Through the Centuries: Confluence of Cultures*, ed. Eric M. Meyers. Winona Lake: Eisenbrauns, 1999, 239–68.

Lapin, Hayim: "Epigraphical Rabbis: A Reconsideration". *Jewish Quarterly Review* 101 (2011) 311–46.

Lapp, Eric C.: "A Jewish Oil Lamp Unearthed at the Red Sea Port of Roman Aila (Aqaba, Jordan)", in: *Viewing Ancient Jewish Art and Archaeology. Vehinnei Rachel, Essays in Honor of Rachel Hachlili*, ed. Ann E. Killebrew und Gabriele Fassbeck. Leiden und Boston: Brill, 2016, 291–307.

Lavan, Luke: "The End of the Temples: Towards a New Narrative?", in: *The Archaeology of Late Antique 'Paganism'*, ed. Luke Lavan und Michael Mulryan. Leiden und Boston: Brill, 2011, xv-lxv.

Leet, Leonora: *The Universal Kabbalah. Deciphering the Cosmic Code in the Sacred Geometry of the Sabbath Star Diagram*. Rochester: Inner Tradition, 2004.

Levenson, Jon D.: *The Death and Resurrection of the Beloved Son: The Transformation of Child Sacrifice in Judaism and Christianity*. New Haven und London: Yale University Press, 1993.

Levenson, Jon D.: *Inheriting Abraham: The Legacy of the Patriarch in Judaism, Christianity, and Islam*. Princeton: Princeton University Press, 2012.

Levine, Lee I.: *Judaism and Hellenism in Antiquity: Conflict or Confluence?* Seattle: University of Washington Press, 1998.

Levine, Lee I.: *The Ancient Synagogue: The First Thousand Years*. 2nd ed. New Haven: Yale University Press, 2005.

Levine, Lee I. *Visual Judaism in Late Antiquity. Historical Contexts of Jewish Art.* New Haven und London: Yale University Press, 2012.

Levine, Lee I.: "The Emergence of a New Jewish Art", in: *Was 70 CE a Watershed in Jewish History? On Jews and Judaism Before and After the Destruction of the Second Temple*, ed. Daniel R. Schwartz und Zeev Weiss in Zusammenarbeit mit Ruth A. Clements. Leiden und Boston: Brill, 2012, 301–39.

Levine, Lee I.: "Why Did Jewish Art Flourish in Late Antiquity?", in: *Jewish Art in its Late Antique Context*, ed. Uzi Leibner und Catherine Hezser. Tübingen: Mohr Siebeck, 2016, 49–74.

Levine, Lee I.: "The Development of Jewish Figural Art", forthcoming in: The Routledge Handbook of Jews and Judaism in Late Antiquity, ed. Catherine Hezser (London: Routledge, 2020).

Liddell, Henry George: "Notes On Human Sacrifice Among the Romans", in: *Archaeologia Or Miscellaneous Tracts Relating to Antiquity*. London: Society of Antiquities of London, 1866. 242–9.

Lieberman, Saul: *Hellenism in Jewish Palestine*. 2nd ed. New York: Jewish Theological Seminary, 1962.

Lieberman, Saul: *Greek in Jewish Palestine*. 2nd ed. New York: Jewish Theological Seminary, 1965.

Liu, Yulin: *Temple Purity in 1–2 Corinthians*. Tübingen: Mohr Siebeck, 2013.

Long, Asphodel P.: "Ashera, the Tree of Life and the Menorah: Continuity of a Goddess Symbol in Judaism?" in: *Patriarchs, Prophets, and Other Villains*, ed. Lisa Isherwood. London: Equinox, 2007, 1–21.

Longenecker, Bruce W.: *The Cross Before Constantine. The Early Life of a Christian Symbol*. Minneapolis: Fortress Press, 2015.

L'Orange, Hans Peter und Nordhagen, Per Jonas: *Mosaics*. London: Methuen, 1966.

Lundy, John P.: *Monumental Christianity or: Art and Symbolism of the Primitive Church*. New York: J. W. Bouton, 1876.

Magness, Jodi: "Helios and the Zodiac Cycle in Ancient Palestinian Synagogues", in: *Symbiosis, Symbolism, and the Power of the Past: Canaan, Ancient Israel, and Their Neighbors from the Late Bronze Age Through Roman Palaestina*, ed. William G. Dever und Seymour Gitin. Winona Lake, Indiana: Eisenbrauns, 2003, 363–89.

Makaryk. Irene R. (ed.): *Encyclopedia of Contemporary Literary Theory: Approaches, Scholars, Terms*. Toronto: University of Toronto Press, 1995.

Malbon, Elizabeth Struthers: *The Iconography of the Sarcophagus of Junius Bassus*. Princeton: Princeton University Press, 1990.

Mazar, Benjamin: *Beth She'arim. Report on the Excavations during 1936–1940, on Behalf of the Israel Explorations Society. Catacombs 1–4*. Bd. 1. New Brunswick: Rutgers University Press, 1973.

McKenna, John H.: *The Eucharist Epiclesis: A Detailed History from the Patristic to the Modern Era*. 2nd ed. Chicago: Hillenbrand Books, 2008.

Meier, Franz: *Sexualität und Tod: Eine Themenverknüpfung in der englischen Schauer- und Sensationsliteratur und ihrem soziokulturellem Kontext*. Tübingen: Max Niemeyer Verlag, 2002.

Meyers, Carol L.: *The Tabernacle Menorah: A Synthetic Study of a Symbol of the Biblical Cult*. Missoula: Scholars Press, 1976.

Meyers, Eric et al.: "Artistry in Stone: The Mosaics of Ancient Sepphoris". *Biblical Archaeologist* 50 (1987) 223–31.

Milburn, Robert Leslie Pollington: *Early Christian Art and Architecture*. Berkeley: University of California Press, 1988.

Miles, Margaret R.: *Image As Insight: Visual Understanding in Western Christianity and Secular Culture*. Eugene: Wipf & Stock Publishers, 1985.

Miles, Margaret R.: "Santa Maria Maggiore's Fifth-Century Mosaics: Triumphal Christianity and the Jews". *Harvard Theological Review* 86 (1993) 155–76.

Millar, Fergus: *The Roman Near East, 31 BC – AD 337.* Cambridge: Harvard University Press, 1993.

Miller, Stuart S.: "'Epigraphical' Rabbis, Helios, and Psalm 19: Were the Synagogues of Archaeology and the Synagogues of the Sages One and the Same?" *Jewish Quarterly Review* 94 (2004) 27–76.

Milson, David: *Art and Architecture of the Synagogue in Late Antique Palestine. In the Shadow of the Church.* Leiden und Boston: Brill, 2007.

Mitchell, William J.T: *Picture Theory: Essays on Verbal and Visual Representation.* Chicago und London: University of Chicago Press, 1994.

Mitchell, William J.T.: *What Do Pictures Want? The Lives and Loves of Images.* Chicago und London: University of Chicago Press, 2005.

Moeller, Walter O.: *The Mithraic Origin and Meanings of the Rotas-Sator Square.* Leiden: Brill, 1973.

Momigliano, Arnaldo: *On Pagans, Jews, and Christians.* Middletown: Wesleyan University Press, 1987.

Montgomery, Tammy L.: *The Angel in Annunciation and Synchronicity: Knowledge and Belief in C.G. Jung.* Lanham, Boulder, New York, Toronto, Plymouth: Lexington Books, 2013.

Neis, Rachel. *The Sense of Sight in Rabbinic Culture. Jewish Ways of Seeing in Late Antiquity.* Cambridge: Cambridge University Press, 2013.

Netzer, Ehud Netzer und Weiss, Zeev: "The Dionysos Mosaic", in: *Sepphoris in Galilee. Crosscurrents of Culture*, ed. Rebecca Martin Nagy at al. Raleigh: North Caroline Museum of Art, 1996, 111–15.

Neusner, Jacob: *Genesis Rabbah. The Judaic Commentary to the Book of Genesis. A New American Translation*, Bd. 2. Atlanta: Scholars Press, 1985.

Neusner, Jacob: *Symbol and Theology in Early Judaism.* Minneapolis: Fortress Press, 1991.

Neusner, Jacob: *A Theological Commentary to the Midrash.*

Bd. 3: *Song of Songs Rabbah*. Lanham: University Press of America, 2001.

Neuwirth, Angelika: "The House of Abraham and the House of Amram: Genealogy, Patriarchal Authority, and Exegetical Professionalism", in: *The Qur'ān in Context: Historical and Literary Investigations into the Qur'ānic Milieu*, ed. Angelika Neuwirth et al. Leiden: Brill, 2010, 499–532.

Neuwirth, Angelika: "Wissenstransfer durch Typologie. Relektüren des Abrahamsopfers im Koran und im islamischen Kultus", in: *Denkraum Spätantike. Reflexionen von Antiken im Umfeld des Koran*, ed. Nora K. Schmidt und Angelika Neuwirth. Wiesbaden: Harrassowitz, 2016, 149–208.

Newby, Zahra: *Greek Myths in Roman Art and Culture: Imagery, Values and Identity in Italy, 50 BCE – AD 250*. Cambridge und New York: Cambridge University Press, 2016.

Niehoff, Maren: *Philo on Jewish Identity and Culture*. Tübingen: Mohr Siebeck, 2001.

Niehoff, Maren: "Origen's Commentary on Genesis as a Key to Genesis Rabbah", in: *Genesis Rabbah in Text and Context*, ed. Sarit Kattan Gribetz et al. Tübingen: Mohr Siebeck, 2016, 129–53.

Noga-Banai, Galit: *Sacred Stimulus: Jerusalem in the Visual Christianization of Rome*. Oxford: Oxford University Press, 2018.

Noort, Ed: "Genesis 22: Human Sacrifice and Theology in the Hebrew Bible", in: *The Sacrifice of Isaac: The Aqedah (Genesis 22) and Its Interpretations*, ed. Ed Noort und Eibert Tigchelaar. Leiden und Boston: Brill, 2002, 1–20.

Noort, Ed: "Child Sacrifice in Ancient Israel: The Status Quaestionis", in: *The Strange World of Human Sacrifice*, ed. Jan N. Bremmer. Leuven: Peeters, 2007, 103–26.

Nordgaard Svendsen, Stefan: *Allegory Transformed: The Appropriation of Philonic Hermeneutics in the Letter to the Hebrews*. Tübingen: Mohr Siebeck, 2009.

Northcote, Charles Spencer: *The Roman Catacombs: A History of the Christian City Beneath Pagan Rome*. Manchester: Sophia Institute Press, 2017.

Noy, David: "Rabbi Aqiba comes to Rome: A Jewish Pilgrimage in Reverse?", in: *Pilgrimage in Graeco-Roman and Early Christian Antiquity*, ed. Jaś Elsner und Ian Rutherford. Oxford: Oxford University Press, 2005, 373–85.

Oegema, Gerbern S.: *The History of the Shield of David: The Birth of a Symbol*. Frankfurt: Peter Lang, 1996.

Papagiannaki, Anthousa: "Aphrodite in Late Antique and Medieval Byzantium", in: *Brill's Companion to Aphrodite*, ed. Amy C. Smith und Sadie Pickup. Leiden und Boston: Brill, 2010, 321–46.

Patai, Raphael Patai und Bar-Itzhak, Haya: *Encyclopaedia of Jewish Folklore and Traditions*. London und New York: Routledge, 2015.

Peppard, Michael: *The World's Oldest Church: Bible, Art and Ritual at Dura Europos, Syria*. New Haven: Yale University Press, 2016.

Rajak, Tessa: "The Dura Europos Synagogue: Images of a Competitive Community", in: *Dura Europos: Crossroads of Antiquity*, ed. Lisa A. Brody und Gail L. Hoffman. Chestnut Hill und Chicago: McMullen Museum of Art und University of Chicago Press, 2011, 141–54.

Riesenfeld, Harald: *The Resurrection in Ezechiel 37 and the Dura Europos Paintings*. Uppsala: Almqvist & Wiksell, 1948.

Rubenstein, Jeffrey L.: "The Symbolism of the Sukkah", *Judaism* 43 (1994) 371–87.

Rubenstein, Jeffrey L.: *The History of Sukkot in the Second Temple and Rabbinic Periods*. Atlanta: Scholars Press, 1995.

Runesson, Andres, "Architecture, Conflict, and Identity Formation: Jews and Christians in Capernaum from the First to the Sixth Century," in *Religion, Ethnicity, and Identity in Ancient Galilee,* ed. Jürgen Zangenberg et al. Tübingen: Mohr Siebeck 2007, 231–57.

Russo, Jessica Dello: "The Monteverde Jewish Catacombs on the Via Portuense". *Roma Subterranea Judaica* (Publications of the International Catacomb Society) 4 (2010) 1–37.

Rutgers, Leonard V.: *The Jews in Late Ancient Rome: Evidence of Cultural Interaction in the Roman Diaspora*. Leiden und Boston: Brill, 1995.

Salzman, Michele R. et al. (eds): *Pagans and Christians in Late Antique Rome. Conflict, Competition, and Coexistence in the Fourth Century*. Cambridge und New York: Cambridge University Press, 2016.

Sartre, Maurice: *The Middle East Under Rome*. Cambridge und London: The Belknap Press of Harvard University Press, 2005.

Schäfer, Peter: *Jesus in the Talmud*. Princeton: Princeton University Press, 2007.

Schäfer, Peter: *Die Geburt des Judentums aus dem Geist des Christentums. Fünf Vorlesungen zur Entstehung des rabbinischen Judentums*. Tübingen: Mohr Siebeck, 2010.

Schäfer, Peter: *The Jewish Jesus: How Judaism and Christianity Shaped Each Other*. Princeton: Princeton University Press, 2012.

Schäfer, Peter (ed.): *The Talmud Yerushalmi and Graeco-Roman Culture*, 3 vols. Tübingen: Mohr Siebeck, 1998, 2000, und 2002.

Schenk, Kära L.: "Temple, Community, and Sacred Narrative in the Dura-Europos Synagogue". *AJS Review* 34 (2010) 195–229.

Schoeps, Hans Joachim: "The Sacrifice of Isaac in Paul' Theology". *Journal of Biblical Literature* 65 (1946) 385–92.

Scholem, Gershom: "The Star of David: History of a Symbol", in idem, *The Messianic Idea in Judaism and Other Essays On Jewish Spirituality*. London: George Allen & Unwin Ltd., 1971, 257–81.

Schubert, Kurt: "The Holiness of the Synagogue and Its Figurative Decoration", in: Heinz Schreckenberg und Kurt Schubert, *Jewish Historiography and Iconography in Early and Medieval Christianity*. Assen/Maastricht: Van Gorcum, Minneapolis: Fortress Press, 1992, 161–70.

Schubert, Kurt: "Jewish Programmatic Painting: The Dura Europos Synagogue", in: Heinz Schreckenberg und Kurt Schubert, *Jewish Historiography and Iconography in Early and Medieval Christianity.* Assen/Maastricht: Van Gorcum, Minneapolis: Fortress Press, 1992, 171–88.

Schubert, Kurt: "Jewish Influence on Earliest Christian Painting: The Via Latina Catacomb", in: Heinz Schreckenberg und Kurt Schubert, *Jewish Historiography and Iconography in Early and Christian Christianity.* Assen/Maastricht: Van Gorcum, Minneapolis: Fortress Press, 1992, 189–210.

Schuyler, Jane: "The Female Holy Spirit (*Shekhinah*) in Michelangelo's Creation of Adam", in: *Michelangelo. Selected Scholarship in English.* Bd. 2: *The Sistine Chapel,* ed. William E. Wallace. New York und London: Garland, 1995, 341–66.

Schwartz, Emmanuel: "Reading Homer in France: From Text to Image", in: *The Legacy of Homer. Four Centuries of Art from the École Nationale Supérieure des Beaux-Arts, Paris,* ed. Emmanuel Schwartz. New York: Dahesh Museum of Art; Princeton: Princeton University Art Museum; New Haven und London: Yale University Press, 2006, 3–41.

Schwartz, Seth: "Gamaliel in Aphrodite's Bath: Palestiniaan Judaism and Urban Culture in the Third and Fourth Centuries", in: *The Talmud Yerushalmi and Graeco-Roman Culture,* Bd. 1, ed. Peter Schäfer. Tübingen: Mohr Siebeck, 1998, 203–17.

Schwartz, Seth: "The Rabbi in Aphrodite's Bath: Palestinian Society and Jewish Identity in the High Roman Empire", in: *Being Greek Under Rome: Cultural Identity, the Second Sophistic, and the Development of Empire*, ed. Simon Goldhill. Cambridge: Cambridge University Press, 2001, 335–61.

Schwartz, Seth: *Imperialism and Jewish Society, 200 B. C. E to 640 C. E.* Princeton und Oxford: Princeton University Press, 2001.

Schwenn, Friedrich: *Die Menschenopfer bei den Griechen und Römern.* Giessen: Alfred Töppelmann, 1915.

Seeliger, Hans Reinhard: "Die Verwendung des Christogramms durch Konstantin". *Zeitschrift für Kirchengeschichte* 100 (1989) 149–68.

Shi, Wenhua: *Paul's Message of the Cross as Body Language.* Tübingen: Mohr Siebeck, 2008.

Sievers, Joseph: "Josephus and the Afterlife", in: *Understanding Josephus. Seven Perspectives*, ed. Steve Mason. Sheffield: Sheffield Academic Press, 1998, 20–34.

Skou, Anne: "Eine dreidimensionale Theologie. Das Presbyterium von San Vitale in Ravenna", in: *Opfere Deinen Sohn: Das 'Isaak-Opfer' in Judentum, Christentum und Islam*, ed. Bernhard Greiner *et al.* Tübingen: Francke Verlag, 2007, 270–2.

Smelik, Willem: "The Languages of Roman Palestine", in: *The Oxford Handbook of Jewish Daily Life in Roman Palestine*, ed. Catherine Hezser. Oxford: Oxford University Press, 2010, 122–141.

Snyder, Graydon F.: *Ante Pacem: Archaeological Evidence of Church Life Before Constantine.* Macon: Mercer University Press, 2013.

Speyart van Woerden, Isabel: "The Iconography of the Sacrifice of Abraham". *Vigiliae Christianae* 15 (1961) 214–55.

Spiegel, Shalom: "The Legend of Isaac's Slaying and Resurrection" [Hebr.], in: *Alexander Marx Jubilee Volume*, Bd. 2, ed. Saul Lieberman. New York: The Jewish Theological Seminary of America, 1950, 471–547.

Spiegel, Shalom: *The Last Trial: On the Legends and Lore of the Command to Abraham to Offer Isaac as a Sacrifice – the Akedah.* New York: Pantheon Books, 1967.

Spieser, J.-M.: "The Representation of Christ in the Apses of Early Christian Churches". *Gesta* 37 (1998) 63–73.

Spigel, Chad S.: *Ancient Synagogue Seating Capacities: Methodology, Analysis and Limits.* Tübingen: Mohr Siebeck, 2012.

Stanley, David J.: "The Apse-Mosaics of S. Costanza". *Römische Mitteilungen* 44 (1987) 29–42.

Stemberger, Günter: "Biblische Darstellungen auf Mosaikfußböden spätantiker Synagogen". *Jahrbuch für Biblische Theologie* 13 (1998) 145–70.

Stemberger, Günter: *Juden und Christen im spätantiken Palästina.* Berlin und New York: Walter de Gruyter, 2007.

Stemberger, Günter: *Mose in der rabbinischen Tradition.* Freiburg, Basel, und Wien: Herder, 2016.

Stern, Karen B.: *Writing on the Wall: Graffiti and the Forgotten Jews of Antiquity.* Princeton: Princeton University Press, 2018.

Stern, Sacha: "Babylonian Talmud, Avodah Zarah 16a – Jews and Pagan Cults in Third-Century Sepphoris", in: *Talmuda de-Eretz Israel. Archaeology and the Rabbis in Late Antique Palestine*, ed. Steven Fine und Aaron Koller. Boston und Berlin: Walter de Gruyter, 2014, 205–22.

Stewart, Peter: "The Bet Alpha Synagogue Mosaic and Late-Antique Provincialism", in: *Jewish Art in its Late Antique Context*, ed. Uzi Leibner und Catherine Hezser. Tübingen: Mohr Siebeck, 2016, 76–95.

Strecker, Christian: *Die liminale Theologie des Paulus. Zugänge zur paulinischen Theologie aus kulturanthropologischer Perspektive.* Göttingen: Vandenhoeck & Ruprecht, 1999.

Stroumsa, Gedaliahu: "The Early Christian Fish Symbol Reconsidered", in: *Messiah and Christos: Studies in the Jewish Origins of Christianity. Presented to David Flusser on the Occasion of His Seventy-Fifth Birthday,* ed. Ithamar Gruenwald et al Tübingen: Mohr Siebeck, 1992, 199–205.

Swetnam, James: *Jesus and Isaac. A Study of the Epistle to the Hebrews in the Light of the Aqedah.* Rome: Biblical Institute Press, 1981.

Swetnam, James: "The Sacrifice of Abraham in Genesis and Hebrews: A Study in the Hermeneutic of Faith", in: *Reading Salvation: Word, Worship, and the Mysteries*, ed. Scott Hahn. Steubenville: Emmaus Road, 2005, 23–40.

Talgam, Rina: "The Ekphrasis Eikonos of Prokopius of Gaza. The Depiction of Mythological Themes in Palestine and Arabia During the Fifth and Sixth Centuries", in: *Christian Gaza in Late Antiquity*, ed. Brouria Bitton-Ashkelony und Aryeh Kofsky. Leiden und Boston: Brill, 2004, 209–34.

Talgam, Rina und Weiss, Zeev: "'The Life of Dionysos' in the Mosaic Floor of Sepphoris" [Hebrew]. *Qadmoniot* 21 (1988) 93–9.

Talgam, Rina und Weiss, Zeev: *The Mosaics of the House of Dionysos at Sepphoris*. Jerusalem: Institute of Archaeology, Hebrew University, 2004.

Tercatin, Rossella: "Inside the Catacombs, Buried History Ties Jews to Ancient Rome". *The Times of Israel*, July 2, 2016.

Theissen, Gerd und von Gemünden, Petra: *Der Römerbrief: Rechenschaft eines Reformators*. Göttingen: Vandenhoeck & Ruprecht, 2016.

Thomas, Charles: *Christianity in Roman Britain to AD 500*. Berkeley und Los Angeles: University of California Press, 1981.

Toynbee, Arnold: *The Crucible of Christianity, Judaism, Hellenism and the Historical Background of the Christian Faith*. New York und Cleveland: World Publishing Company, 1969.

Tzaferis, Vassilios: "Inscribed 'To God Jesus Christ': Early Christian Prayer Hall Found in Megiddo Prison". *Biblical Archaeological Review* 33 (2007) 38–49.

Twining, Louisa: *Symbols and Emblems of Early and Medieval Christian Art*. London: Longman, Brown, Green, and Longmans, 1852.

Várhelyi, Zsuzsanna: "Political Murder and Sacrifice: From Roman Republic to Empire", in: *Ancient Mediterranean Sacrifice*, ed. Jennifer Wright Knust und Zsuzsanna Várhelyi. Oxford und New York: Oxford University Press, 2011, 125–41.

The Vatican Collections: The Papacy and Art. New York: The Metropolitan Museum of Art, 1982.

Vegge, Tor: *Paulus und das antike Schulwesen. Schule und Bildung des Paulus*. Berlin und New York, NY: Walter de Gruyter, 2006.

Vermeule, Emily: *Aspects of Death in Early Greek Art and Poetry*. Berkeley und Los Angeles: University of California Press, 1979.

Versluys, Miguel John: *Aegyptiaca Romana: Nilotic Scenes and the Roman Views of Egypt*. Leiden und Bosston: Brill, 2002.

Vinzent, Markus: "Earliest 'Christian' Art is Jewish Art", in: *Jewish Art in Its Late Antique Context*, ed. Uzi Leibner und Catherine Hezser. Tübingen: Mohr Siebeck, 2016, 263–77.

Visotzky, Burton L.: *Aphrodite and the Rabbis: How the Jews Adapted Roman Culture to Create Judaism As We Know It.* New York: St. Martin's Press, 2016.

Wallraff, Martin: *Christus verus Sol. Sonnenverehrung und Christentum in der Spätantike.* Münster: Aschendorff Verlag, 2001.

Warner, Marina: *Alone of All Her Sex. The Myth and the Cult of the Virgin Mary.* Oxford: Oxford University Press, 2013 (= New York: Weidenfeld & Nicolson, 1976).

Webb, Matilda: *The Churches and Catacombs of Early Christian Rome: A Comprehensive Guide.* Brighton: Sussex Academic Press, 2001.

Weder, Hans: *Das Kreuz Jesu bei Paulus. Ein Versuch, über den Geschichtsbezug des christlichen Glaubens nachzudenken.* Göttingen: Vandenhoeck & Ruprecht, 1981.

Weinstein, Roni: *Marriage Rituals Italian Style: A Historical Anthropological Perspective on Early Modern Italian Jews.* Leiden und Boston: Brill, 2004.

Weiss, Zeev: "The House of Orpheus – Another Villa From the Late Roman Period in Sepphoris" [Hebr.]. *Qadmoniot* 36 (2003) 94–101.

Weiss, Zeev: *Public Spectacles in Roman und Late Antique Palestine.* Cambridge, MA und London: Harvard University Press, 2014.

Weiss, Zeev und Netzer, Ehud: *Promise and Redemption. A Synagogue Mosaic from Sepphoris.* Jerusalem: The Israel Museum, 1996.

Weitzmann, Kurt: *Greek Mythology in Byzantine Art.* Princeton: Princeton University Press, 1984.

Welch, Katherine. "Roman Sculpture", in: *The Oxford History of Western Art*, ed. Martin Kemp. Oxford und New York: Oxford University Press, 2000, 38–51.

Werlin, Steven H.: *Ancient Synagogues of Southern Palestine, 300–800 CE. Living on the Edge.* Leiden und Boston: Brill, 2015.

Willette, Dorothy: "The Enduring Symbolism of Doves", *Bible History Daily*, 1 October 2013.

Zanker, Paul und Ewald, Björn C.: *Living With Myths: The Imagery of Roman Sarcophagi*. Oxford und New York: Oxford University Press, 2012.

Zetterholm, Karin Hedner: "Isaac and Jesus: A Rabbinic Reappropriation of a 'Christian' Motif?" *Journal of Jewish Studies* 67 (2016) 102–20.

Abbildungsverzeichnis

Stellenregister

Sachregister

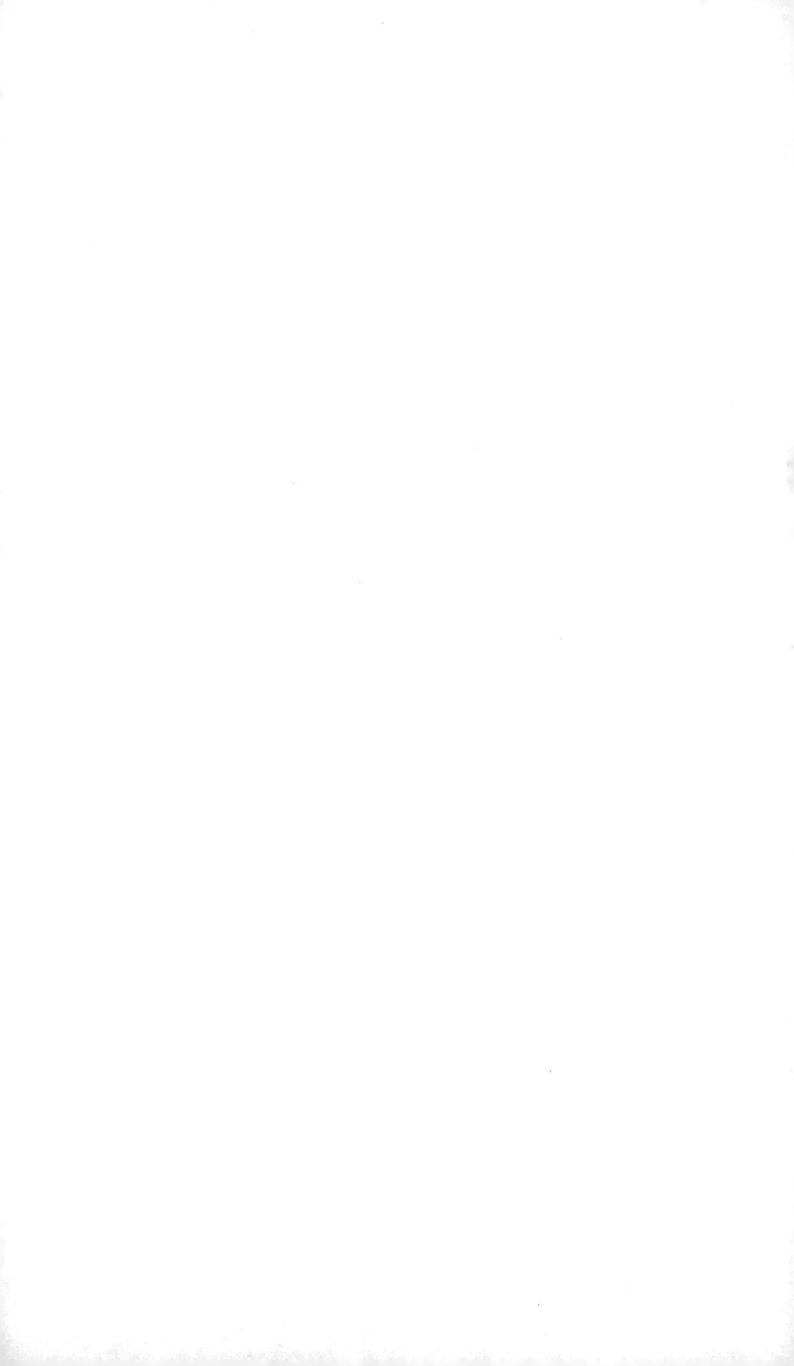